现代高校体育教学 与训练创新研究

柴 猛 著

中国原子能出版社

图书在版编目（CIP）数据

现代高校体育教学与训练创新研究／柴猛著.
—北京：中国原子能出版社，2023.3（2025.3 重印）

ISBN 978-7-5221-1589-4

Ⅰ.①现… Ⅱ.①柴… Ⅲ.①体育教学-教学研究-
高等学校 Ⅳ.①G807.4

中国国家版本馆 CIP 数据核字（2023）第 049086 号

现代高校体育教学与训练创新研究

出版发行	中国原子能出版社（北京市海淀区阜成路 43 号　100048）
责任编辑	王　蕾
责任印制	赵　明
印　　刷	北京天恒嘉业印刷有限公司
开　　本	787 mm×1092 mm　1/16
印　　张	14.5
字　　数	229 千字
版　　次	2023 年 3 月第 1 版　2025 年 3 月第 2 次印刷
书　　号	ISBN 978-7-5221-1589-4　　　定　价　**88.00** 元

作者简介

　　柴猛，男，汉族，1987年11月出生，中共党员，籍贯为山东青岛，现就职于青岛理工大学，讲师。毕业于北京体育大学社会体育指导专业，硕士研究生学历，主要研究方向为体育教学、运动训练。曾发表《微格同质分组中教学技能的培养分析》《校园足协成立对青岛市校园足球发展的影响》《山东省体育旅游发展实例分析及对策研究》等多篇学术论文。

前　言

在倡导全民运动背景下，我国体育教学得到前所未有的关注。当前，进一步深入发展高校体育教学是实现中华民族伟大复兴与建设中国体育强国的重要内容，是高校培养身心发展健康且具有良好社会适应能力的优秀人才的有效途径。体育训练能够切实提高学生的心理、身体素质，推动高校体育体系的科学、健康、和谐地发展。

基于此，本书以"现代高校体育教学与训练创新研究"为选题，在内容编排上设置上下两篇共六章内容。

上篇着重介绍了现代高校体育教学与训练的原理。第一章阐述现代高校体育教学的内涵与发展、目标探索、环境与原则、改革创新的背景；第二章对现代高校体育教学方法及其意义和教学与训练方法的类型选择、优化创新进行全面分析；第三章通过混合式教学与训练模式、多媒体教学与训练模式、移动课堂教学与训练模式，探讨现代高校体育教学与训练模式的应用创新。

下篇以足球为例，介绍了现代高校体育教学与训练的实践。第四章主要分析现代高校足球运动的科学研究、教学分析、教学设计与课程实施；第五章从三个方面——现代高校足球运动的训练计划与目标、基础性训练实施、阵型与战术训练，研究现代高校足球运动训练活动分析与实现。第六章从现代高校足球运动教学技术创新、训练理念创新、训练方法创新入手，探讨现代高校足球运动教学与训练的创新分析。

　　本书力求做到内容丰富，语言简洁，逻辑清晰，注重章节之间的逻辑性、连贯性等，从而确保内容的完整性和系统性，力争系统地反映体育教学方法与创新的整体知识结构，有助于读者更好地理解与应用。

　　笔者在撰写本书的过程中，得到了许多专家学者的帮助和指导，在此表示诚挚的谢意。由于笔者水平有限，加之时间仓促，书中所涉及的内容难免有疏漏之处，希望各位读者多提宝贵意见，以便笔者进一步修改，使之更加完善。

目 录

上篇　现代高校体育教学与训练原理

第一章　现代高校体育教学的原理分析 ·· 3

第一节　现代高校体育教学的内涵与发展 ································· 3

第二节　现代高校体育教学的目标探索 ································· 14

第三节　现代高校体育教学的环境与原则 ································· 23

第四节　现代高校体育教学改革创新的背景 ································· 31

第二章　现代高校体育教学与训练方法的选择优化 ·········· 40

第一节　现代高校体育教学方法及其意义 ································· 40

第二节　现代高校体育教学与训练方法的类型选择 ················· 43

第三节　现代高校体育教学与训练方法的优化创新 ················· 66

第三章　现代高校体育教学与训练模式的应用创新 ·········· 72

第一节　高校体育混合式教学与训练模式应用创新 ················· 72

第二节　高校体育多媒体教学与训练模式应用创新 ················· 83

第三节　高校体育移动课堂教学与训练模式应用创新 ················· 96

下篇　现代高校体育教学与训练实践——以足球运动为例

第四章　现代高校足球运动教学活动开展与实施 ·········· 109

第一节　现代高校足球运动的科学研究 ················· 109

第二节　现代高校足球运动的教学分析 ………………………………… 115

第三节　现代高校足球运动教学设计与课程实施 ……………………… 126

第五章　现代高校足球运动训练活动分析与实现 ……………………… 141

第一节　现代高校足球运动的训练计划与目标 ………………………… 141

第二节　现代高校足球运动基础性训练实施 …………………………… 150

第三节　现代高校足球运动阵型与战术训练 …………………………… 180

第六章　现代高校足球运动教学与训练的创新分析 …………………… 202

第一节　现代高校足球运动教学技术创新 ……………………………… 202

第二节　现代高校足球运动训练理念创新 ……………………………… 205

第三节　现代高校足球运动训练方法创新 ……………………………… 217

参考文献 ……………………………………………………………………… 221

上　篇

现代高校体育教学与训练原理

第一章　现代高校体育教学的原理分析

第一节　现代高校体育教学的内涵与发展

一、体育的类型与功能

（一）体育的类型

1. 竞技体育

竞技体育可以最大限度地激发人们的潜能，使人们的体格、体能、心理、运动技能等能力得到锻炼。人们为了在比赛中获得好成绩，会进行一系列科学训练和比赛，这些都属于竞技体育的一部分。竞技体育是文化领域中特殊部分之一，在体育领域中占有最高地位，也是世界体育文化的主体，在大众文化中也具有很高的地位。竞技体育将人体的能力发挥到极限，观赏性和感染力较强。同时，竞技体育也可以凝聚、团结民族力量，振奋民族精神。

2. 社会体育

社会体育主要是人民群众为了锻炼身体、进行康复训练、休闲娱乐等而进行的体育活动，它的形式多样，受众广泛。社会体育主要群体是人民群众，涉及社会生活的各个领域，包含的内容也十分多样，比如娱乐体育、休闲体育、养生体育、医疗体育等。当今社会，人们不断提高对自身的发展重视程度，对自身知识水平和身体素质要求也更高。身体素质主要是围绕身体健康、体形、精神状态和自身气质等，人们会选择进行社会体育和高校体育活动来提高身体素质。

3. 高校体育

高校体育是在各个高校开展的有目的的体育教育活动，旨在提高学生身体素质和技能、丰富体育知识等，同时也可以培养学生的意志品质。高校体育是体育的一部分，也是教育的一部分。我国体育事业的发展离不开高校体育。高校体育由体育课、课外体育活动、体育训练和课外比赛竞技四个部分组成。

（二）体育的功能

体育的功能产生于体育的本质和社会的需要，并从促进社会物质文明和精神文明中表现出来。体育的功能具体如下。

1. 健身功能

"强身健体是体育最主要、最本质的功能。人体是一个结构复杂，功能多样的有机体，人体质量是人生命活动和拥有良好生活能力的基础，它是在遗传变异和后天获得性的基础上表现出来的。体育是以身体运动的方式给器官系统一定强度和量的刺激，从而对身体各个组织、器官、系统起到积极的影响。[①]"

（1）改善大脑供血和供氧，提高中枢神经系统的适应能力，能使人心情舒畅，调节社会、生活和工作的压力。

（2）促进人体的生长发育，加速新陈代谢。

（3）对人体内脏器官构造的改善有着积极的作用。

（4）刺激骺软骨的增生，促进骨骼的生长。

（5）提高肌肉的工作能力。

（6）提高人体的免疫力、抗疾病能力和心理承受能力。

（7）提高对自然环境和社会环境的适应能力，预防疾病，延缓衰老。

2. 娱乐功能

体育运动既可以帮助人们提高身体素质，也可以获得精神上的愉悦，陶冶

---

① 陈勇，郝小亚. 体育健身功能的研究［J］. 体育世界（学术版），2016（07）：127.

情操，人们可以在运动中暂时放下繁忙的工作，让身心获得暂时的休息。实现体育娱乐功能的主要途径是参观和参与。体育运动具有极高的观赏性，尤其是高水平的竞技体育活动，能够展现出力量与速度的完美结合，让观众欣赏到人体力量和运动之美。另外，体育活动可以让参与者彼此相互配合，在与他人的竞技中获得不一样的身心体验，娱乐自身。

3. 社会化功能

人的社会化就是个体社会化，是人从生物的人变为社会的人的过程。而在这一转变过程中，体育运动扮演着重要角色。人们学会的基本生活技能都是通过体育运动获得的，刚出生婴儿的被动体操、儿童的打闹嬉戏、长大后适应社会等，都需要通过体育活动获得。人们在进行体育运动时，必须遵守体育规则，通常由教师或教练告知规则并进行监督，这一过程就是让人们养成遵守社会规则的行为习惯。体育运动具有社会性，在体育运动中，人们相互交流，彼此默契配合，可以促进人际交往，提高人们的沟通能力。为了促进人类社会健康发展，就要在社会各类人群中普及健康和体育运动相关知识，使青少年、中年人、老年人等不同年龄段的人都能通过获得的体育知识，并进行健康的体育活动，培养健康的生活方式。在促进个体社会化方面，体育已经深入社会生活的方方面面，扮演着重要的角色。

4. 教育功能

体育是教育的重要组成部分，体育的教育功能也是它最基础的功能。人们参与各类体育活动的同时也在接受教育，无论是在高校、俱乐部还是训练场，以及其他各类场所的锻炼，都会有教师、教练和同伴进行指导和教授。尤其在校学生处于身体生长发育阶段，也处于世界观、价值观的形成时期，进行体育运动，不仅可以提高学生身体素质，增强体质，而且还可以让学生接受意志品质和思想道德规范等方面的教育。同时，体育具有群体性、国际性、礼仪性和竞技性等特点，可以向人们传递某种价值观。此外，还可以激发群众的爱国热情，增强民族凝聚力，教育人们积极健康发展。人们在观看体育比赛和参与体育活动过程中也会受到社会的影响，接受社会教育。

5. 经济功能

经济发展为国家发展提供物质保障，体育的发展也离不开经济的支持。一个国家的体育运动发展情况通常可以从反映出这个国家经济发展水平。经济发展促进体育发展，体育运动的发展又可以推动经济进步，如今，体育作为第三产业，在经济中的地位日益提升，与商品经济联系日益紧密。发达国家体育的经济功能得到了充分的利用，而我国在这方面的发展还比较滞后。体育运动主要从两个方面获得经济收益：一是大型运动会，通过售卖门票、印发纪念币、邮票、体育彩票等获得收益；二是日常体育活动，利用体育设施，组织热门体育项目比赛，开展娱乐体育活动，售卖体育服装、体育设施，同时组织旅游活动，体育咨询等来获得经济收益。

二、高校体育教学与身体美学

身体美学以身体的健美为主要目标，一方面，激发身体的各种体验和感觉、知觉，通过身体实现人与自然之间的交流，以身体塑造、锻炼和展示为中心，实现身体的健美。身体美学并没有严格的要求和具体固定的实现路径，而在于鼓励和帮助身体去感知、体验，鼓励不同的人去尝试不同的体育活动或者身体训练方法，找到适合个体的锻炼方法，使人们可以通过这些活动获得快乐、释放和升华，促进身体之美。另一方面，身体美学还注重对意识的训练和培养，实现意识和身体之间的和谐统一，达到身心一致的状态，激发人的潜能，使身体更加自由和健美。

美是体育的一个主题，力则是体育的另一个主题，二者的统一就是有力量的美，或者说健美。这是指美得有力量感，刚柔相济。体育的力有两种类型，一是外显的力量，二是内收的力量。各类体育竞技比赛中的奔跑的步伐、健美的肌肉、拼打的力量都是外显力量，而体育教育正是培养这种力量的必要途径。

体育的内收的力量，在于心灵或意志，是一种体育精神，奥林匹克精神是拼搏进取、坚韧不拔，不断突破自我，突破人类极限，公平公正竞争的精神。这是指在体育教育中要通过各种体育理论和实践教育，培养学生的体育精神和体育伦理道德，实现内在力量和外在力量的统一，内在美和外在美的统一。

身体美学的关注重心在身体，而体育教育的教育中心也是身体，因此要让身体健康、活力和健硕，成为美和力的统一。身体美学的主要内容在于解释什么是身体的力与美，而体育教育则是研究如何实现这种力和美。因此只有身体美学和体育教育二者的统一，才能实现完整的目标。

身体美学，与体育教育一样，都鼓励真实的身体体验和感受，只有身体的真实感受，才能达到身体的美。高校体育的教育应遵循身体的发展规律和不同人的差异，为身体设置各种各样的活动、锻炼，有目的地锻炼身体的各种部位、器官和整体的协调性。这样做的目的是使学生能够真正发现了解自己的身体，与自己的身体交流，并通过自己的身体实现和整个世界的交流。

（一）高校体育教学中身体美学的表现

1. 身体意识

身体美学的一个重要内容是身体和意识的统一，尤其是身体意识的培养。这是指人的自我意识中，以身体为对象的那一部分意识。培养身体意识需要在具体的身体活动和训练中提高人的自我意识对身体的感知、认知、理解等。高校体育教育就是实现这个目的的最主要场所，因为在体育教育中，学生可以在教师的指导和帮助下，系统性地通过各种体育活动逐渐认识身体，形成身体意识。例如，通过跑步，可以了解自己的腿，平衡能力和爆发力、耐力等；通过跳高、跳远可以了解身体的其他秘密。因此，体育教育是身体实践和身体意识培养的主要场所，可以让身体意识得以觉醒并日渐强烈、成熟。

2. 身体实践

一方面，体育教育是身体实践的重要场所；另一方面，体育教育也是身体理论教育的重要场所，正因为体育教育可以实现身体实践和理论的结合，可以达到事半功倍的效果，是创造性、交流性的独特教育内容。高校体育教育分"体"和"育"两个部分，这使体育教育既具有实践性，也具有理论性，因而是一种关系性的过程。在高校体育教育和体育学习中，需要把握"身"和"体"的统一。"身"着重在身体的外部感受，感性经验；而"体"着重在身体的内部感受与知性认识。

因此，"身"与"体"的结合，就是将身体的外部感性经验转化为知性认识，实现身体的洗礼和升华。而体育教育是一个长期的过程，不是一朝一夕可以实现的。只有在长期的体育实践教学中，才能逐步提高身体体能和身体意识。

3. 身体美感

身体是人与自然之间的中介，身体是自然的一部分，也是人的存在形式，通过身体，人可以实现和自然的联结。因而，身体的美与自然万物的美是和谐一致，相互统一的。在学生学会感受和欣赏美的过程中，也能够掌握体育的知识和机能，使生命活力蓬勃发展。高校体育教育要培养身体的美感，不是肤浅的美，而是深刻的美，是内外一致的美感。体育教育需要培养综合型的学生，而不仅仅是培养体育特长生，更重要的是培养学生的内在美，学生的道德、伦理、精神和意志，养成积极进取、勤劳奋斗、阳光健康的性格品德，使学生具有优秀的道德情操和卓越的人格品行。

（二）高校体育教学中身体美学的作用

1. 体育教学中身体的活力

身体美学以身体作为认知对象和主体，身体审美需要首先培养起身体意识，即通过身体的体验、训练和各类活动，使学生感受到身心的统一和健康，促进身体的和谐。在对身体意识的培养又需要身体审美的理论和实践相统一，由此创造巨大的现实意义以及精神价值。身体从被忽视、被压抑、被束缚的状态中逐渐苏醒和解放出来，成为积极向上的阳光健康的主体。通过身体的健美，激发和保护生命力。

2. 体育教学中身体的卓越

在我国身体的体育教育一直受到重视，成为一种国民使命。因此，在这个意义上，体育既是物质的存在，也是精神的存在，是内在精神和外在身体需求的统一。体育的本质精神在于强身健体和体悟精神。体育需要追求身体和心灵的和谐统一，通过外在的身体运动、体验和训练实现心灵的内在感知，获得心理上的愉悦、喜悦和放松，以及成就感。因此，体育教育的"体"不光是指肉体，也包括智慧、道德和审美。只有这样人才能成为自由而完整的人。

3. 体育教学中身体的超越

"力"是生命的源泉、存在方式和表现形式。"力"是生命区别于无生命的主要象征。体育教育是培养生命的"力"的一个最主要的方式，通过身体训练可以塑造身体的健硕和优美，展现身体的活力。通过体育活动，可以促进身体的健康，增强身体的体力；通过比赛和竞技，可以激发人的生命潜力，促进身体意识，激励体育精神和品格，使人获得无限动力，激发巨大能量。由此，"力"创造了源源不断的生命源泉。

身体是人的生命的物质载体，体育教育是锻炼身体，进而激发和培养生命力的重要方式。体育教育通过各种各样的实践活动，例如跳高、跳远、打篮球等，激发人的生活热情和激情，展现生命的魅力，使学生寻找到生活的热情和兴趣爱好，激发学生的向上之心，体会生命的力量。在这个过程中，实现了生活的成就感和价值所在。

人是万物的尺度，而身体则是体育教育的尺度，也是体育教育的出发点和落脚点，同时也是身体美学的基础和目标。身体实现了对身体美学和体育教育的联结，促使二者和谐、融汇和贯通，在这个过程中，激发了学生身体审美的兴趣和热情，使学生感受到身体意识和身体实践的统一，心灵和身体的和谐，力与美的融贯，生命力的觉醒和实现，使人真正成为自己的主人。

三、高校体育教学的信息化发展

教育者和学习者可以借助现代教育媒体以及教育资源等开展信息化教学，利用现代媒体可以刺激教学的高效开展，并且与以往不同的教学方法显然能有效提高学生学习的积极性。

在过去的教学中，教师所采用的都是传统的方法、传统的教具，但是在当前，信息技术改变了当前的教学体系。与传统教学相比，信息化教学是一种新的表现形态，它是在传统教学理念的指导下，运用各种技术对教学做出的变革，这样可为学生构建出更好的学习环境。

（一）信息化教学的构成因素

1. 现代教学媒体

经过多年的发展，现代教学媒体与以往相比变得更为完善，这些媒体主要包括幻灯、录像、电视机等教学媒体，通过对这些媒体的组合，可以形成一些新的教学媒体，比如多媒体综合教室、视听阅览室以及微格教学训练系统等。

2. 教师

随着现代教育理念的不断更新，教师的教学观念也得到了进一步转变，随着现代信息技术的发展，教师的角色与以往相比也发生了很大的变化，在信息时代，教师也应该具备更新的教学能力。

3. 学生

在当下，教育教学的主导思想已经改变，在信息化教学的过程中，作为教学活动的对象，学习者是学习的主体，教师一切教学活动的开展都应该以学生为中心，如果没有学生，教学活动就没有办法开展。所以，在教学活动中，学习者才应该处于教学的中心位置。在信息化教学的环境下，教师为学习者提供了更加丰富的网络资源以及学习平台，这样也会改变学习者的学习方式以及学习行为。

4. 教学内容

在教学过程中，教师与学生之间可以相互传递学习的知识、技能，以及方法等。

5. 教学情景

在体育教学活动中，是存在一定的教学情景的，这些特定的教学情景会对体育的过程产生重要的影响。体育教学的情景是可以通过特定空间的营造实现的，这意味着教学可以逐步摆脱时空的限制，让学生在自己合适的时间看到特定的体育教学内容，这样也能让学生产生身临其境之感，对所学的知识有更加深刻的认知。对于体育教学的环境来说，是可以通过网络模拟的，如果我们将网络的虚拟教学功能模拟出来，就可以实现体育现实与虚拟教学的结合，并将校内外的知识能合理穿插起来。在当前，体育虚拟教学的技术与环境并不成熟，但是这也是体育教学发展的一个新方向。

高校体育信息化趋势必然会对传统的学习产生一定的影响，这也会改变学生的学习方式。信息技术不仅对人类的日常生活会产生影响，并且也会影响人们的学习方式，这也是一种学习方式的革命。将信息技术与学习方法结合起来，不仅仅是将学习贴上"信息技术"这个标签之后就能实现的，它也应该遵从一定教学理念的约束，将信息技术的作用充分发挥出来，这样才能利于学生学习过程中价值的形成。通过对此进行整合，就会形成一种新的学习文化。

（二）高校体育课程与信息技术的整合

1. 体育课程与信息技术整合的可行性

（1）符合当代教育发展的理念。在信息化时代，把体育课程与信息技术结合起来是符合信息化理念的，面对 21 世纪的信息化浪潮，不同的国家都非常重视发挥信息化在教育中的重要作用，并且将信息化作为了教育教学改革的一个关口，让教育尽快实现信息化已经成为很多国家的共识。信息技术有很多的教育应用功能，比如信息的容量很大、自主性以及选择性强等，这些都是人们最为感兴趣的方面。教师在教学的时候应该把知识以及信息等有效结合起来。以信息技术为主的教学完全符合这种教育理念，在教学的过程中，教师将信息技术与教学整合起来能逐步培养学生的信息素养，并且能激发学生的创新能力，这也能进一步提高学生的协作能力。

（2）信息技术环境的支持。信息化背景下的体育教学主要需要有形的信息技术环境与无形的信息技术环境。

第一，有形的信息技术环境。在当前的环境下，校园网络教学服务是以网络课程为中心，将学科教学资源进行了合理利用，能为教学的开展提供全方位的服务。对于网络教学平台而言，展示出了先进的计算机技术水平，并且这些教学平台也符合教育教学的规律，能够助力教育现代化的落地。在这一平台下，教师并不需要掌握太多的网络技术，但是他们依然能制作出符合教学需求的网络课程。在这一平台下，精品课程、数字资源等子系统都会呈现出来，并且能将其功能板块展示给大家。教师仅仅需要将课程的教学目标与内容结合起来，将其导入相应的板块就可以了。

第二，无形的信息技术环境。无形的信息技术环境是指师生所具有的信息素养。信息素养指的是人们所拥有的获取、处理信息的能力，在当前的社会，信息素养是每一个公民所应该具备的基本素质。

只有教师以及学生具备一定的信息素养，才能有效实现信息技术与课程的整合。在整个教学系统中，教师承担的是"联系"以及"媒体"的角色，对于教师这一要素来说，不应该过度重视信息技术，避免本末倒置，而是应该将信息技术看作辅助教学的工具，将教学的内容传递给学生，从而实现与学生的顺利交流，这样就可以得到教学过程的各项反馈信息。所以对于教师来说，就应该具备一定的信息素质，这也是21世纪人才应该具备的。信息技术是不断深入发展的，并且已经渗透到人们生活的各个方面，现代教师必须接受一定的技术培训之后才能上岗，与信息技术有关的各种概念逐步被渗透到了教师心中，在年轻一代的教师中，他们在教学的时候习惯借助现代教育技术开展自己的教学。

学生的信息素质会对他们利用信息技术获取知识的速度产生一定的影响，随着信息技术的进一步发展，人类社会必将会以更快的速度迈入信息化社会，当前的学生与以往相比已经具备了较高的信息素养，一些基础的信息知识他们在很早的时候就已经接触并掌握，并且，他们的生活等都已经凸显出了信息化特色，这显然能促进学生信息素质的进一步提升。当前，学生的信息素质显然为体育专业学生的发展奠定了基础。教师在授课的时候将信息技术融入课程中也能逐步培养学生的信息素质，不管是对教师还是学生而言，他们都能跟随教学活动的开展获益，让他们的信息素质能够得到增强。

在信息化的教学背景下，学生应该处于教学的中心地位，随着社会的发展以及网络覆盖面的逐步扩大，信息的数量获得了急剧增长，不管是与课程相关的信息还是与教学相关的信息，为了顺利开展教学，显然需要让师生拥有更高的信息素养，面临这一机遇与挑战，我们更应该重视信息素养的积极作用。

（3）师生主观态度的支持。在很多体育运动技能课程的讲授中，教师也感受到了运用多媒体教学的益处，因为一些动作可以重复播放，那些具有难度的技术动作还可以分解、慢放，这都利于学生正确、完整地把握整个动作流程。

2. 体育课程与信息技术整合的结构

（1）以学生为中心的教学结构。以学生为中心的教学结构非常重视学生主体作用的发挥，因为只有学生去主动的建构知识，他们才能学习并掌握这一知识，教师所起的作用仅仅是引导、答疑、给学生提供合适的学习资料。在信息技术快速发展的背景下，这种教学结构得以生存，并且能真正得以实现。

以学生为中心的教学结构对学生的先天素质是有一定要求的，这是由体育运动的特点所决定的，不同的运动项目对于学习者有不同的需求，并且不同的个体对动作技能的理解能力也是各有差异的。学生要想明确动作要领，不仅需要第二信号系统参与，还需要在仔细聆听教师讲解的同时建立起自己的"语言化"的表象，并且，学生需要调动本体感受器明确不同动作所需的肢体与关节等的配合步骤。在各体育动作的学习过程中，学生的本体感觉是非常重要的，并且不同个体的本体感觉是不同的，这样，不同的个体在学习某一动作时，其速度不同，并且动作完成的流畅性也各有差异。所以，对于不同项目的不同技术来说，不同的学生往往会有不同的学习成果，对于教师来说，就应该重视学生主体地位的发挥，明确不同学生之间的差异，逐步建立起因材施教的体系。

以学生为中心的教学结构并不是没有缺点的，因为此种教育模式过于看重学生的"学"，就容易忽视教师主导地位的发挥。在教学的过程中，师生之间的情感因素也会占据很大比重，在学生学习各种运动技能的时候他们会有截然不同的心理活动，也往往会引发他们情绪的变动，此时，教师就应该做一个学生情绪的观察者，把握他们的情绪变化，及时给他们做好心理疏通。采用这种教学模式后，容易忽视教师主导作用的发挥，如果学生在学习的时候处于过度自由的状态，那么就不容易达成教学目标。在运动技能学习的初级阶段，学生往往会出现一些动作失误，但是只要他们能够注意，这些小失误是很容易纠正过来的，但是如果这些小失误没有得到及时纠正，过一段时间之后，就不太容易纠正了。

只有尽早发现失误，才能尽早纠正这一失误，在动作错误出现的初期，学生往往是意识不到的，他们可能因为刚接触这一动作，还没有对这一动作形成正确的认知，所以就算与标准动作有一些差异，他们也觉察不出来，此时，教师的指导作用就可以发挥出来了，如果看到学生的错误动作，教师就应该及时指出。

（2）重视学教并重的教学结构。学生之间是有个体差异的，同一个教师带不同的学生就会有不同的教学效果，教师在教学的时候应该立足不同学生的差异，采用以学生为中心的教学策略，在学生运动技能的形成过程中，教师的及时指导是非常有必要的。为了解决这一矛盾，我们往往会想到"学教并重"，这种结构既不是以教师为中心，也不完全将学生放在学习的中心位置，而是既充分体现出学生的中心位置，也能发挥出教师的指导作用，相对而言，这种教学结构是更为理想的，目前，这种教学结构也已经得到了广泛应用。

（3）运用多种教学结构。在当前的教学环境下，不同教学结构的存在都是有其合理性的。体育课程内容是由很多知识体系构成的，它是一个综合体，不仅包含操作性知识，还涵盖认知性知识。对于这两类的学习而言，他们是各有特点的，也是有不同的学习理论支撑的，在体育教育专业课程的学习中，不管是注重发挥学生的主动性，还是以教师为中心，不用的教学模式都是有其适用范围的。比如，人类以及运动人体科学等偏重理论性的学习可以发挥学生学习的主动性，因为对于这些知识来说，学生可以通过自学或者协作学习的方式完成；对于那些运动技能类的学习来说，教师就需要采用学教并重的方式开展教学。学生的学习过程是受时间限制的，不同的学生其学习接受能力是不一样的，在知识的掌握程度上他们也无法做到完全统一，在课上，时间毕竟是有限的，这显然会对教师的教学造成一些影响，因为教师需要在一堂课的时间内完成某个技术动作或多个技术动作的教学，可以看出，教学方式会受限于课堂时间。

第二节　现代高校体育教学的目标探索

体育课程是课程的下属部分，与课程之间存在一定关联度，而体育课程目标和课程目标之间也是从属关系。伴随课程改革和课程研究的不断推进，体育课程也慢慢系统化、体系化、具体化。近年来，体育课程研究中比较关注"体育课程目标究竟是什么"的问题。体育课程的目标是增强学生的体质、促进学生的身心健康、引导学生掌握体育技能、提升学生综合素质、将体育融入学生生活、提高学生适应社会的能力等。

每一种课程的目标都是相应的教育价值观在这个课程领域中的体现。学校体育课程目标也可称为体育课程本身要达到的具体程度，它期望学生通过学习体育课程来达到学生所处教育阶段要求的体育标准。

一、高校体育教学目标的功能及来源

（一）高校体育教学目标的功能

课程目标制约课程的规划，也规定了课程的具体内容和具体教学组织，同时也影响着学生的学习方法和活动习惯，它也是实施课程的基础和评价课程是否成功的标准，更是学校教育目的和学生培养方向的实际体现。由此可知，课程目标具备很多功能，具体包括激励功能、引导功能和标准化功能。

1. 激励功能

课程目标的激励功能，指的是其可以激发学生的学习动机，并加以维持。教师为学生展现课程目标，可以变相激发学生的学习动力，让学生为了这一学习目标坚持不懈地努力。

（1）产生积极性的动力是需要，而需要可以驱使一个人做出相应的个体活动。依据学生需要来规划体育课程目标，可以让学生为满足自身需要来努力实现体育课程目标。

（2）兴趣是最好的老师。体育课程目标切合学生的兴趣爱好，可以较为明显地激发学生进行体育活动，学生会因此而不断努力。例如，学生对如篮球、足球等某一项体育运动感兴趣，教师可以就学生的兴趣规划课程目标，激励学生为了目标而加强学习和身体锻炼。如果设定的课程目标与学生的兴趣爱好没有关联，学生的积极性就不会被激励出来。

（3）体育课程难度适宜学生的真实情况，可以激励学生为课程目标努力。

根据心理学家维果茨基的"最近发展区"理论[①]，体育课程的目标要适当地超越学生的实际水平，让学生能够通过一定的努力而实现，这种做法能发挥课程目标的最大激励作用，且能够维持学生的学习动机。若课程目标要求的难度过大，就会让学生畏惧，不去尝试、不去努力，但课程目标要求的难度太小又无法发挥本该发挥的激励作用，学生的体育意识无法得到提升。

2. 引导功能

体育课程目标的引导功能，指的是要规定、组织、调节教师和学生的体育行为。学生的学习活动具备多方向的特征，没有具体的目标引导，学生的活动方向就比较随意；反之，有了具体的活动目标，学生的活动就有了明确的发展方向。这种现象也适用于体育课程。一旦体育课程规划了目标，体育课程的实施就有了章法，在具体教学内容的规划和选择上也就有了方向，具体教学手段和学生的学习方法也就不会随意选择。

体育课程的引导作用，主要包括以下三点：

（1）体育课程目标，能为体育教育活动规划方向，能够促进体育教育活动的自发实施，它也能从侧面体现出学生自身的主观能动性以及对于体育活动的意识。

（2）体育课程目标，能引导体育教育活动按照有意义的方向前进，有利于提升具体教学效果。

（3）体育课程目标，能够提升体育教学活动的实际效益，有助于体育课程教学发挥更大的作用。

3. 标准化功能

体育课程目标的标准化功能，指的是检验、评估教学工作的实际结果。在具体的体育教学过程中，教师要时刻评价教育活动，随时掌握教育活动的效益，并根据实际情况对体育教学活动的教学方法和教学进度进行及时调整；在体育教学工作结束后，教师还要评级体育教学工作的整体效果。

---

① 最近发展区理论：学生的发展有两种水平：一种是学生的现有水平，指独立活动时所能达到的解决问题的水平；另一种是学生可能的发展水平，也就是通过教学所获得的潜力。二者之间的差异就是最近发展区。

在这些评价活动中，课程目标是重要的评价标准；而对体育教育活动进行评价，最重要的是评价体育教育活动是否实现教学实施前的预设目标、预设目标完成的程度，所以教师一定要将实际教学效果与预设课程目标进行对照，从而检验和总结整个教学过程的各项操作。

（二）高校体育课程目标的来源

课程主要面向广大学习者，因此课程目标的基本来源之一就是学习者的学习需要。课程的主要任务是提升学生的智慧，并促进学生的全方位发展。而学生是接受体育课程实施的对象，也是体育课程学习的主体，没有发挥主体积极性的学生就没有体育课程和体育教学的实施。所以，体育课程目标首先要重视的是学生的具体需要。学生的需要指的是学生作为完整的个体而在人格发展上的需要，教师要根据学生的真实现状掌握学生的需要。

从学习性质角度看，学生的需要除了包括其本身的自发需求，也包括其在后天具体的体育学习中所产生的新的需要。这就要求教师在规划体育课程目标时，从学生的各项需要出发，通过调查、搜集等方法掌握学生各方面的情况信息，并总结出各个学生之间的需要共性和理想标准，以此来与标准的教学模型进行对比，从而来确定两者之间的差距和学生发展的体育需要，进而规划科学合理的体育教程目标；从内容维度角度看，学生的需要包括其本身的身心发展需要和学习需要。教师在规划体育课程目标时，要仔细研究以上两种需要之间的联系，并充分研讨学生在哪一个具体时期可以学什么、应该学什么。

除此之外，教师在具体规划体育课程目标时要充分尊重和考虑广大学生的不同年龄和各自在个性和个体上的差异；从实践维度角度看，学生的需要包含学生当下的需要，也包含学生长久发展道路上的需要，而体育课程目标要解决的问题包含处理学生当下需要和长久需要之间的协调，以及以动态方式、动态观点对待学生的各种需要。学生的需要会因学生个体本身的发展和与社会的接触而慢慢发生变化、发展，进而会产生一定的提升，教师一定要动态化地观察和考量学生不同时期的具体需要。

除了上述内容外，教师在规划具体体育课程目标时要充分考虑不同学生的兴趣优势。教育本身是一个积极主动的行为过程，需要教师和学生双方共同努力来合作完成，而学生拥有学习的主体地位，教师要保证学生在教师团队根据学生的兴趣爱好规划好体育课程目标并切实实施后，能够积极主动地参与到具体的教学活动中，保证整个教学工作的开展和进行。当下，体育课程标准要求的基本教育理念就包含研究学生个体。例如，体育与健康课程的关注中心是满足学生的体育需要、尊重学生的情感体验。体育与健康课程要充分掌握不同学生的真实身体情况以及他们的兴趣爱好和优点长处、体育技能经验，还要关注不同学生的个体差异，并要求教师根据这些内容来规划具体的课程目标和教学工作。

学生既生活在学校，也在校外生活中身处社会。学生在成长过程中不断地社会化，所以教师规划课程目标也要考虑学生社会生活方面的需要。个体身处社会中的社会需要包含空间维度和时间维度。在空间维度角度上看，社会生活的需要指的是学生所属的社区、民族、国家甚至整个时代的发展需要；在时间维度角度看，社会生活的需要包括当下社会生活的需要，也包括社会伴随时代发展所可能产生的需要。当前社会，国际化、信息化趋势日益加强，并在不断发展和不断更新变迁，社会生活的需要具体是民族性和国际性统一以及当下社会实际情况和未来发展情况统一。在规划体育课程目标时，教师要以学生所处的社会真实情况为基础，秉持公平、公正、民主的教育原则，综合考虑各个阶层、各个区域的学生的社会生活需要。体育课程目标要立足学生当下，着眼于学生未来，现在对学校体育课程目标所做出的工作会直接影响多年后的体育教育。

由此可见，体育课程已然不是社会发展的附加品，不再被动地去适应社会需要，而是在某种程度上决定着未来社会发展的新面貌，其本身具备对现有社会的反思批判与创新改进，且正在为将来的社会发展状态打基础、培养人才。所以，体育课程目标要具备一定的前瞻特征和适应特征，要保证以此目标指导的教育工作能适应现实和未来、符合个人和国家发展要求、适应当下社会情况、切合未来改造趋势。除此之外，体育课程目标要兼顾本区域、本民族甚至本国家的发展需求，要提高国际意识、拓宽国际视野，以此来平衡社会当下与社会未来，并将二者之间的共同需要诉求加以统一。

教育的本质是传承各种文化，而学校教育的重要目标就是传授校外社会活动所不易传授的知识技能。学校规划教育学科，是因为学科是某一领域知识最重要的组织形式，所以学科知识也是课程目标的重要来源。人类认识世界后进而积累总结出知识，知识对于人类身心发展和成长前进的影响力是巨大的，因为知识本身就是力量，学生个体接受了前辈们总结出的知识后，就能提高自己的社会力量，让自己的各方面发展水平在短时间内提升到较高的高度。人类的总体知识可以分为各种学科领域，每一个学科领域又分为很多小的领域分支，以便学生能学习到最系统、最规范的知识，构建最合理的知识架构，以便他们积累技能、提升自我。

体育知识属于人类知识体系的一部分，而体育学科是为了方便教师为学生传授系统、规律的体育知识所规划而来的，教师在设定其目标时要考虑符合体育学科发展和进步的具体需求。

二、高校体育教学目标的类型划分

体育课程教学目标，依据课程目标表征形式划分为四种类型，即普遍性目标、行为性目标、形成性目标和表现性目标。

（一）普遍性目标

普遍性目标，指的是教师根据常规教育宗旨或教育原则来规划课程教学，并根据这些原则来规划具备一般性、规范性的课程目标，这种目标是基于教育理念、社会经济发展需求、社会意识形态以及人的知识经验而产生的，是一种古老又长时间保留的课程目标取向，具备一定的普遍性、模糊性、规范性。普遍性目标能够适用于十分广泛的教学范围，且足够灵活，使得教师有足够空间发挥教育工作的作用。但这种目标受经验和意识形态的约束，并且没有科学的理论依据，且目标本身偏向模糊、不易观测、不易评估，不同教师会有不同的理解甚至误解。

（二）行为性目标

行为性目标，指的是教师根据具体的、显而易见的、可控的、可观测的行为形式，来规划出来的、容易表述的课程目标，这种目标强调出学生在具体学习活动后所产生的行为变化。行为性目标主要特征如下：

第一，行为性目标注重目标的具体性、可实施性和可观测性。

第二，行为性目标具备统一性，对所有学生都使用，且目标本身对每一位学生采用公平、公正的衡量标准。

第三，行为目标具备预设性，目标本身在具体教学活动开展之前就已经被预设完毕。

行为性目标有其独特的优势，这种优势包括可实施性和可观测性。这种目标让学校成为有效提供教育的平台，也让不同学校、同一年级的不同学科教育有了对比参照，且使得教师、教育督导、学生家长、学生等多方面的不同人士能够就教育进行沟通交流。

除此之外，行为目标所具备的明确性为教师提供了教学任务、教学行为等方面的具体方向，有助于教师提升教学质量；行为目标也有其缺陷，具体而言，行为目标让教学可以被明确辨别，但目标本身不易评估、不易转化的问题却往往被忽略。行为目标能"打散"整体的教学内容，让教育内容分成各个独立的部分，这会对整体性教学和学生的整体性学习受到负面影响。由于行为目标是被预设的，所以行为目标很可能与现实情况相悖，且其往往被强加给学生和教师，很容易导致学生学习的主动性和积极性降低。

（三）形成性目标

形成性目标也称为"生成性目标"，指的是伴随教育课程的开展和实施，在特定的教育环境中根据教师和学生的实际情况自然而然地，出现的课程目标，主要关注的是教育过程而不是教育结果。形成性目标结合学生的兴趣和能力以及不同个性，解决了教育过程与结果、教育方法和目标之间的对立问题，让学生在具体学习过程中为自己制定目标，这使得教育活动变得更加丰富和开放，也更加贴近教育本质；形成性目标的不足，是教师会根据学生的需要和表现特征，而随意地调整教学工作节奏，随时规划出教育目标。很多教师并没有达到形成性目标对教师的要求，以至于在具体的教学活动中表现得无所适从；即使可以达到形成性目标的要求，教师也会额外耗费大量精力。这种现象导致教师不一定采取形成性目标的教育手法。而学生的学习活动存在各种可能发展的方向，形成性目标会让学生的学习活动盲目化。

（四）表现性目标

表现性目标，指的是每个学生都会在面对特定教育情景的各种机遇时变现出个性化的创造力，进而产生的目标。表现性目标具备独特性和首创性特征，强调学生在活动中要在一定程度上进行首创，且该目标是学生经历教学活动之后的产物。表现型目标为学生提供了互动领域和活动主题，并时刻关注学生在行为角度所表现出的个性和多元化特征，其本身的开放性可以激发学生的个性潜能。

除此之外，表现性目标能让课程目标具备广泛的适用性，可以提高学生的个性思维和独创能力。但是，表现性目标也有缺陷。表现性目标不易引导学生的学习活动，且不易保证学生会自发学习本该掌握的知识技能。

三、高校体育教学目标体系的要求

（一）系统性要求

首先，从课程目标相互之间的关系角度看，体育教育要注重课程目标的系统性。教师在规划体育课程目标时要考量目标体系在横向、纵向等方面的关联，并保证上位目标和下位目标之间的相互适应，进而让各个层次的课程目标都具备阶段特性和递进作用。所谓体育教育课程目标的阶段性，指的是学校体育课程目标具备多层次特点，每个阶段都有其特定的阶段性目标；所谓体育教育课程目标的递进性，指的是实现低年级课程目标是高年级课程目标实施的前提，高年级目标在一定程度上延续、拓展了低年级课程目标。教师在规划体育课程目标时要把握不同阶段各个目标之间的关联，也要把握体育课程目标与体育教育目标、培养目标、教学目标之间的联系，以此来更加合理、更加科学地规划体育教育策略。

其次，从体育课程目标的设立背景角度看，教师要综合研究和探讨教师、学生、教学环境、课程内容等教学系统要素，并综合考量体育教师的专业知识、教学方法和学科涵养等方面的素质水平，而且要关注学生的身心情况、学生所处社会的背景、学生现有的体育基础知识和体育技能等方面的素质水平。此外，教师在规划体育课程目标时要研究学生、教师、教学内容三方面的内在联系。

最后，从体育课程目标的地位角度看，体育课程目标是整个体育课程体系的基础和中心，其与课程体系的其他方面互相制约又互相促进，教师在规划体育课程目标时不能忽略这一点。

（二）整体性要求

完整的体育课程目标，要保障其在纵向上不同阶段的目标之间相互关联、相互递进的关系性，也要保障其在横向上的系统性，更要注重其本身内部结构的整体性；完整的体育课程目标要统一和完善认知目标、情感体验目标和技能目标三方面内容，通过长期研究和长期时间使这三者和谐统一，不能只注重学生认知能力的发展而忽略学生的情感体验和技能提升。

（三）层次性要求

课程目标像教育和课程一样，都具备一定的层次性。这种层次性指的是课程目标体系本身具有层次性特点，而特定的课程目标可以呈现出具体教学结果的层次性。学生每一次学习进步都要通过从完成低层次目标转变为完成高层次目标的过程来得以实现，具体表现为在认识性角度认识、了解、理解、应用，在技能知识角度模仿、完成、掌握、应用，在体验知识角度感受、认同、形成等。

此外，不同学生在学习目标上也存在不同层次的个体化差异，而教师必须根据这种多层次的差异来规划具体体育课程目标。

（四）适应性要求

为适应社会日益更新的需求，教师在规划体育课程目标时要注重其适应性特点。教师要重视学生本身基础知识、基本技能、基本素养的培养，也要掌握学生的现有能力、创新精神和未来发展方向，并提高体育课程目标的时代性水平。

第三节　现代高校体育教学的环境与原则

一、高校体育教学的环境

（一）高校体育教学环境的基础内涵

人受不同的环境影响产生不同的行为特征。环境可分为社会环境和自然环境，其改变可对个体乃至社会造成极为重要的影响。在体育教学活动中，外在环境同样可以作为评价教学质量的指标，影响体育教学活动的顺利开展和学生的身心健康培养。具体来讲，教学环境是一个由多种因素构成的复杂系统，对于促进教育计划的制定、教学活动的展开以及教学结果的评价具有重要意义。教学环境联系着学科的形成和发展。作为教学环境中的一种，体育教学环境是一种特殊的人类生存环境，良好的体育教学环境可以促进学生和教师身心健康发展，学生不仅可以从中提高体育学习能力，教师也能够利用其顺利组织体育教学活动。另外，体育教学环境因其多样性、复杂性的特点，其实施需要综合考虑实际情况和客观条件。

与其他学科不同，体育学科的上课场所具有多变性，对于体育教学活动来讲，学生和教师参与的场所大多在室外，且需要具备一定的体育教学器材和教育硬件设施，并且要求学生积极参加到活动中去。体育教学环境具体可以分为人文层面环境、物质层面环境。对于人文层面环境来讲，体育教师需要充分考虑学生的实际条件开展教学活动，充分提高学生的参与的主动性和积极性，并且给予人文关怀，合理安排教学时间、教学内容；对于物质层面环境来讲，体育教师应为学生营造良好的体育学习场所，并且为学生提供比较完善的体育教学设备和器械，促进学生身心健康发展。

（二）高校体育教学环境的主要特性

体育教学环境是体育教学活动的实施基础，从体育教学实践活动中可以看出，体育教学环境相较于其他学科开展的教学活动来说，具有更加复杂、明显且直接的影响。营造良好的体育教学环境是师生展开、参与教学活动的起点，也是师生参与其中最重要的依托，如果失去这一依托，体育教学活动便不能顺利展开，师生的教与学也就失去了立足点。另外，因其影响因素的多样性和范围的广阔性，体育教学环境的重要性常被人所忽略，从而影响体育教学活动实施的最终效果。但实际上，体育教学环境在体育教学活动进程中起着维持、推进作用，这主要是由于体育教学环境的复杂性、动态性，以及可控性所决定的。

1. 体育教学环境的复杂性

对于体育教学环境来讲，其影响因素更为复杂和多样，这也是与其他学科教学环境有所不同的区别之一。详细来讲，体育教学活动的场地大多选择在室外或是增加开阔的空间，而极少选择在室内，因此，这种特征也就决定了体育教学环境的复杂特性。除此之外，体育教学环境还可能受到校风、班风、体育文化氛围、师生关系、气候条件以及地理条件等外部条件因素的影响，因此环境更加复杂。

2. 体育教学环境的动态性

体育教学环境具有开放性和多维度的特点。通常来说，体育教学环境的设计是根据学校实际情况和提前制定的教学目标、计划，专门组织开展的一种全天候动态变化环境，并且最后再进行选择、论证和加工处理，将环境影响因素统一整合，从而使其能够系统、集中地发挥作用，促进体育教学活动顺利开展。"在互联网背景下，充分运用先进技术手段实现智慧体育教学环境设计，对于营造智能化体育学习环境、打造个性化体育教学具有重要的意义。[①]"

（三）高校体育教学环境的完善优化

1. 自然环境的优化

学校可以积极利用自然环境的优势，以此来弥补自然环境当中的不足之处，进而为学生提供更好的教学环境。学校在对自身的自然环境进行分析和考量的过程当中，可以很快地找到自然环境具有的优势。例如，北方地区在冬季的时候有很大的降雪量，可以开展更多的与冰雪有关的运动；山区学校周围的场地是非常多样化的，可以为学生开设更多的越野活动或者登山活动；海边城市可以为学生开设更多的水上运动项目。

想要为学生提供更好的体育教学环境，那么学校需要致力于构建室内体育场馆或者风雨操场，这样才能避免恶劣环境对体育教学活动的影响，不仅如此，还应该在场地周围建设更多的绿植草地，这样可以让运动场地的空气质量得到明显的改善，还能为学生遮挡阳光，降低环境的噪声污染，而且这样绿色健康的环境也会让师生的教学活动更加愉悦。

体育教学过程当中可以选择的教学方法或者教学内容是很多的，教师可以根据自然环境灵活地为学生选择适合的运动方式，教师选择具体活动的时候要避免学生活动的开展在极限环境当中进行，要注意培养学生对体育运动的兴趣。

2. 设施环境的优化

体育教学活动的开展离不开体育教学设施，体育教学环境的设计也需要考虑到教学设施。教学设施包括参与教学的教师、使用的运动器材、活动开展的操场或者体育场馆等，这些设施会直接影响教学活动，并且会影响到最终教学活动获得的教学效果。不同的学生对于教学设施的外观特征会有不一样的想法或者感觉，例如，体育场馆内部的灯光设计、颜色设计、设置安排会影响学生的感官，也会影响到教学效果。

---

① 于海. 互联网背景下智慧体育教学环境设计策略［J］. 武汉冶金管理干部学院学报，2021，31（02）：81-83.

（1）合理布置场地和器材。合理配置教学设施可以让学生的身体以及学生的心理得到更好的发展，也可以让教学取得更好的教学效果，也能让学生对体育运动投入更多的精力。

（2）完善体育场地设施条件。学校除了提供更加优质的场地条件之外，还要考虑到场地当中的采光设置、照明设置以及声音设置，通常情况下，体育课的开展需要依赖室内场馆，所以，室内场馆的照明设计、采光设计或者声音设计都会影响到教学活动的效果。

此外，场馆应该为学生提供安静的学习环境，避免噪声的影响，这样学生才能集中注意力，才能在最大程度上避免噪声对其注意力集中产生的不良影响。如果学生的注意力频频没有办法集中，那么学生就容易产生运动疲劳，而且情绪波动也会更大，难以稳定地开展体育活动。有的时候甚至会攻击他人。如果是在室外开展体育活动，那么噪声的影响是一定存在的，学校应该想其他方法尽量地为体育教学活动的场地提供更为安静的环境。

（3）搭建体育场地设施色调环境。体育教学环境的色调也会对教学结果产生一定的影响。一般情况下，色彩会影响到学生的心理状态或者情感状态，如果色彩是红色的或者深黄色，那么学生更容易处于激动状态，如果是绿色或者蓝色，学生可能会感觉很轻松。也就是说，相比之下，暖色调更容易激发学生的兴趣，例如，在双杠运动当中学生更喜欢红色的双杠，而不喜欢木制的双杠。体育设施本身设定的颜色以及学生体育运动服装的颜色也会对教学效果产生影响，如果班级着装比较统一，那么班级学生在体育活动当中的凝聚力就比较强。

二、高校体育教学的原则

（一）全面发展原则

体育教学应以促进大学生的身体锻炼为基础，促进学生身心的全面协调发展。在体育教学中，除了促进大学生身体健康外，还应将体育教学与心理学、美学和社会学等学科知识结合起来，全面提高学生智力、心理素质、美育（感）

和能力等多方面的发展，以培养适应社会主义现代化建设需要的人才。

1. 全面发展原则的基本依据

（1）社会主义体育教学目的的需要。我国社会主义的性质，决定了体育教学具有明显的社会主义目的性，这就是为培养身体健壮的全面发展人才服务。因此，在体育教学中，要使学生身心双修。

（2）实现体育教学基本功能的需要。体育具有健身功能、教养与教育功能、休闲娱乐功能、促进个体社会化功能和美育等多种功能。由此可见，体育教学是集中实现体育多种功能的有效途径。

（3）学生发展的需要。在新的历史发展时期，学生的发展并不仅限于身体的发展，在思想、心理、智力、道德品质与行为、审美及表现美的能力等方面都应得到发展。

2. 全面发展原则的基本要求

（1）体育教师在体育教学中认真学习和领会体育教学大纲（或课程标准）精神，全面贯彻教学大纲（或课程标准）的目标和要求。

（2）体育教师应树立现代体育教学价值观念。用现代体育教学价值观去评价和衡量现代体育教学质量。现代体育教学除了具有一定的生物学价值，还具有心理学、教育学、社会学及美学的价值。

（3）在体育教学的准备、实施、复习、评价等阶段中，通过制定教学任务、选择教学内容和运用各种教学手段和方法，都应注意增强学生体质并促进其全面发展。

（4）体育教师在制订各种体育教学工作计划和编写教案时，应在课堂中给予学生足够的身体练习时间，并在教学中重视学生的心理发展。

（二）活动安全原则

1. 活动安全原则的基本依据

体育教学不同于其他学术学科教学，在体育教学过程中，由于教学场所的变化和所需体育器材的参与，都给教学安全提出了较高的要求。体育教学既是安全教育的难点，又是安全教育重点，在体育教学中要保证学生的基本安全。

体育运动的美或多或少都建立在一些冒险中，这也是体育的本质属性和魅力之一。然而在体育教学中，尽管这种安全隐患不能完全避免，但应尽量减少和避免意外伤害事故的发生。

2. 活动安全原则的基本要求

（1）对各种隐患考虑周密并做相应预案。体育教师在长期的教学过程中积攒了足够多的经验和惨痛的教训。将这些内容加以汇总和归纳，并对可能发生的危险做出相应的预案，一旦发生意外，能冷静处理。

（2）加强对学生进行安全意识教育。体育教学的安全需要教师和学生的共同参与，因此，不仅需要体育教师的严谨和全面的考虑，还要加强学生的安全意识，对此，教师在日常的体育教学中要不断教导，让每个同学都建立起安全运动的意识。在体育课堂中严格按照教师的要求去做，注意课堂纪律，参与体育活动量力而行。

（三）循序渐进原则

1. 循序渐进原则的基本依据

在体育教学过程中，先要遵循的就是由简到繁、由易到难、由已知到未知、逐步深化的循序渐进的原则，循序渐进才能让学生更好地掌握体育方面的知识、技术和技能。

2. 循序渐进原则的基本要求

（1）制定好教学文件、安排好教学内容。在保证教学文件和教学内容都安排妥当的情况下，才能执行教学工作。因此在进行教学工作之前一定要制订系统科学的教学计划方案。在制订教学计划文件时，每个运动项目、每次课、每学期的内容和教法，都应前后衔接，逐步提高。教学计划中内容的安排对教学工作的实施效果具有至关重要的作用。因此，教学计划的制订既要考虑该运动项目的由易到难、由简到繁的顺序；又要考虑与其他运动项目之间的关系。项目的安排应遵循循序渐进的原则，以保证前一个项目的学习有利于后一个项目的学习。

（2）不断提高学生生理负荷。学生的生理负荷可以采取波浪式、有节奏地逐步提高，因为机体需要一定时间的适应，课程交替有节奏的安排。合理利用超量恢复是生理负荷提高的有效措施。

（3）教师要不断提高自身的文化素养，深刻了解学生身心发展的一般规律和特点，了解各项教材的系统性及其之间的关系。

（四）因材施教原则

1. 因材施教原则的基本依据

作为体育教学的主体，学生之间具有共性与特性。共性体现在身体年龄阶段发育的稳定性和普遍性；特性则是每位学生受性别、遗传、生长环境、教育水平、认识能力等因素的影响，彼此之间存在差异，身心发展显现出很大区别，而具体到学生具备的体育运动能力的话，这种差异性就可能更加明显，如有些学生的家长喜爱运动，所以从小就培养孩子参与体育运动或参加业余体育训练，这样孩子的运动水平一定能超越同年龄段的孩子的平均水平而显得格外突出。因此，体育教学中应重视不同学生及同一学生不同阶段的差异，因材施教。

2. 因材施教原则的基本要求

（1）引导学生正确对待个体上的差异。差异的存在，如果利用得当，还是一个教育鼓励学生之间互相帮助、培养团队意识和集体精神的好方法。学生之间的运动天赋和对体育的了解各有不同，要在体育教学中贯彻个体差异性的原则，教师应在自己充分了解学生个体差异性存在的基础上，向学生讲解个体差异的存在，并引导学生正确看待差异。差异的存在是客观的，然而这却不能成为歧视天赋较差的学生的理由，同时教师也不能过分偏爱天赋较好的学生。

（2）深入细致地研究和了解学生之间的差异。一方面，学生要对学生个体的差异性进行全面的了解，这是贯彻个体差异性原则的前提条件。为此，教师可以在学期前进行一些测试或座谈交流，弄清不同学生在身体条件、兴趣爱好和运动技能等方面的差异。另一方面，教师应认识到学生个体差异并不是一成不变的，如有些学生在一开始的测评中被认为是没有很好的运动天赋，但是其本人非常热爱体育运动，在平时的课堂上也非常积极地配合教师完成各种教学内容，慢慢地学生的进步就会突飞猛进，对此，教师要有长远的眼光，要能发现不同学生在运动方面的天赋。

（3）丰富教学实践，选择适当的教学方法。在体育教学中，有些项目是不能根据"等质分组"的原理来处理区别针对性教学的问题。因此，教师面对这种情况就要运用其他方法来对待个体差异性，如安排"绕竿跑""定点投篮"等教学方法。这些项目的设立是为了能够给那些在某些项目中没有任何特长的学生，让他们依旧对体育产生兴趣，而不是因为参与某项运动的成绩太差而觉得自己成为体育课堂的"局外人"。体育教师应让每一个学生都能参与到体育教学活动中来，体验运动的快乐。

（4）重视学生个体差异性与统一要求的统一。在体育教学中，提高全体学生的综合素质是每个教师的目标，因此在制定教学目标时，都会考虑到目标的可行性，要满足大部分学生的要求。学生的个体差异是客观存在的，教师应在教学中充分重视这点，但是体育教师也要立足于整个班级的教学，对学生统一要求，以促进学生完成教学任务，达成体育教学目标。

（五）专项教学原则

1. 专项教学原则的基本依据

体育教学内容丰富，种类多样，不同内容的体育教学对学生的要求是不同的，因此，教师应结合体育教学项目的特点和规律开展体育教学，在促进学生基本身体素质提高的基础上，发展运动专项能力，提高运动水平。

2. 专项教学原则的基本要求

体育教学专项教学原则要求体育教师应重视学生专门性知觉的优先发展。体育运动通常是在具体的运动环境中进行的，以篮球为例，篮球运动围绕篮球、篮球场地以及场地上的器材进行，运动过程中，学生对环境和器材的感知是专门性知觉发展的过程，其中手指、手腕对球的控制能力对篮球教学至关重要，因此，教师应重视学生对球控制能力的优先发展。

（六）终身体育原则

1. 终身体育原则的基本依据

通过体育教学长久地影响学生一生对运动健身重要性的理解，并身体力行地参与其中是体育教学的最终目的。这也是新《体育（与健康）课程标准》对当前体育教学的基本要求。因此，培养学生终身体育思想，促进学生终身体育习惯的养成是体育教学应遵循的基本原则之一。

2. 终身体育原则的基本要求

（1）培养学生的终身体育意识。教学中教师要善于发现学生的体育爱好与技术特长，并加以引导培养，并以此来激发学生对体育学习的兴趣，使其树立终身体育意识，养成体育锻炼的习惯。

（2）在体育教学中充分考虑教学的长、短期效益，体育教师不仅要重视体育教材或某项运动技能的教学成果，还要考虑体育教学的长期效益，这与体育教育总体目标的要求是一致的。

第四节 现代高校体育教学改革创新的背景

一、体育教学与创新教育

以创造性发展的原理为指导，在兼具艺术性和科学性教学方法的作用下，使学生的健康个性、创造能力和创造意识得到有效培养，进而全面推动创造性人才培养目标实现的新型教学方法，即为创新教育。

作为学校教育的有机构成，体育学科既统一于其他学科，又具有自身的个性。通过体育教育，学生获得了开阔和专属的活动和学习环境，以及满足其实践、操作、思维和观察需求的表现机会，相对于其他学科，体育学科在开发和提高学生创新能力方面优势明显。

所以，作为体育教学改革和素质教育目标实现的重要途径，将创新教育渗透到体育教学中，有助于学生创造性思维、创新能力、观察能力以及知识信息获取能力的培养。

（一）多样化的教学

1. 多样化的教学模式

如强调学生学习技能和实现心理发展的模式，侧重教学安排的模式，侧重教学内容的模式，侧重生生关系或师生关系的模式，以及突出综合运用多重模式的倾向等。这些教学模式无论是学习状态由被动向主动的过渡，还是生理改造向培养终身体育意识的过渡，抑或是由学会向会学的过渡，都充分表明各个教学模式适用范围的专属性，虽然仍需进一步完善这些教学模式，但其在有机结合体育教学理论和时间上的作用必将越来越凸显。

2. 有机结合多种教学方法，方式灵活

如为了促进学生个性发展而采用的多样化培养层次结构和灵活多变的培养形式。多样化的教学形式主要表现为理论教学、小组创编队形、分组考核、电化教学、提示教学、循环教学、分段教学、集体教学等，为了实现使学生性情得到进一步陶冶、学生情感得到有效激发的教学目标，教师应当积极组织生动有趣的活动，如我国体育发展史回顾活动、体育明星访问活动、观影活动等，以激发学生的情感共鸣。

（二）自主性教学

求异创新是创新教学的重要内容，即强调通过对学生的独立分析问题能力培养来实现学生从不同角度思考问题、解决问题的目标。在教学实践中，教师要坚定激发学生学习积极性、培养学生创新思维的方向，通过多样化、创新化、灵活性教学方法的应用，来实现促进学生发散求异、自主探究的教学情境的构建，以及自主表达、各抒己见的浓郁讨论氛围的营造，最终挖掘和开发学生的创造力。

如果教学活动开展的前提、过程和结论都是确定化的，那么就会造成学生

的直线性思维，进而阻碍学生创造思维和独立意识的培养，以及增加优化学生思维品质的难度。而若是减少讲解的比重，则可以赋予教学内容独特的思维价值，使学生思维能力的发展得到有效推动。除了提出各种发散性问题以引导学生探索不同答案和解决问题的多重方法，教师还可以鼓励学生大胆提出疑问，通过以上两种路径，使学生的创造性思维得到有效训练，同时凸显学生对问题进行发现、分析和解决的创造力。

如今，为了适应社会发展的需要，高校体育必须实施创新教育。提高我国国民素质和国家创新能力的关键是具有创新能力的人才。体育教师在创新教育起到什么作用，要培养学生的创新意识和创新能力，教师就必须是一个创新者。

1. 体育教师应具有创新意识

作为国家发展的基础，创新为国家的发展和民族的进步输送着源源不断的动力源泉，教师是否具备创新意识和创造力，将对学生创新能力和创新意识的培养发挥决定性作用。而若想提升教师的创新意识，先要创新教育教学，如创新使用教材、器材、教学方法与手段等。

大学生是体育教师教学活动的接受者，因而，基于对教材特征和学生个性差异的精准把握，体育教师还应当重视所采用教学方法的针对性，坚决避免出现以统一化标准对待差异化学生的现象发生。

体育教育是构成国家教育创新体系的有机部分，针对这一点，教师必须树立正确客观的认识，同时，要将取其精华、去其糟粕的原则贯穿在继承传统体育教育的全过程，既进一步强化科学研究，又体现时代发展的趋势，使高校体育彰显中国特色。当然，作为兼具终身体育意识、实践能力和创新精神于一身的和谐健康的公民，体育教师也要将培养创新型人才作为其开展创新教育的根本目标。

2. 体育教师应具有较高的综合素质

评判一名教师是否具备创新能力，应当参照其是否能在学生创新的激发，以及学生创新能力的多角度、多层次培养方面发挥重要推动作用。具体来讲，创新型体育教师必须具备以下基本素质：

（1）爱岗敬业的职业道德，这是指引教师正确认识体育教育现实意义，同时在体育教育中兢兢业业、勇于奉献的思想保障。

（2）广阔的视野、敏捷的思维以及对新知识、新信息的接受能力，这是体育教师全面了解体育学科、对体育学科最新动向进行把握的基本前提。

（3）对前沿教学理念和创新思维方法的熟练掌握，以及较强的综合能力（如开发和利用创新教育资源的能力、创造思维能力、教学实践能力、教育科研能力等）。

（4）基于对师生良性互动的进一步强化和良好创新氛围的营造，体育教师要能够引导学生求新存异、勇于探究，要能够对学生创新主动性、能动性的激发以及成功欲望的启发发挥重要的诱导作用。

（5）为了正向指导学生的人格养成和学业发展，教师必须不断提升个人内心世界的丰富性和人格空间的开放性水平。

总之，基于教师的主动作用，体育课堂教学能够使学生的主体性得到充分发挥，面对学生提出的各种疑问，教师要端正态度、正确对待、积极鼓励，以为满足 21 世纪素质教育要求培养具备创新能力的优秀人才。

二、现代社会发展对高校体育教学的要求

知识经济主导国际经济，这是 21 世纪的主要时代特征之一，为此，为了培养大量优秀人才以满足知识经济时代社会发展的现实需求，世界各国纷纷对自己国家的教育进行了调整和改革。作为学校教育的重要环节，体育在培养各领域专业人才身体素质方面发挥着重要作用。随着现代社会发展生活休闲化、教育终身化、学习化社会、信息传递网络化、资产投入无形化和经济发展可持续化等基本特征的日益凸显，学校的教育改革与发展，以及人才培养方针和途径，乃至与未来社会发展、社会生活需要相吻合等都面临着严峻的挑战，而这也成为我国高校体育现阶段迫切需要解决的重要问题。

具体来讲，现代社会发展对高校体育的要求主要包括以下两点。

（一）提高大学生身体素质

在不断变化发展的生产方式影响下，现代社会人力资源结构中的脑力人员数量与日俱增，相应的结果便是体力从业人员的同等减少，而现代社会生产的全新特征便是以高度的精神紧张对高度的肌肉紧张取而代之。

在我国各学校中，在日常生活中体力活动量减少和通信设备、城市交通现代化水平不断提升双重因素的影响下，人们走路的时间和机会大大缩减，而生活富裕水平的提升也增加了人们在日常生活中对食物中高蛋白、高脂肪成分中能量的摄取和吸收，从而导致了肥胖人群的扩大化，这也充分表明了现代社会发展的双面性，一方面提升了人们的生活幸福指数，另一方面也减少了人们的体力活动，使社会大众由于运动量过少、运动时间有限而纷纷出现了现代文明病。

作为服务于社会发展、祖国进步的基础，青少年的健康体魄集中体现了中华民族的旺盛生命力，因而，学校开展体育教育要始终秉持并严格践行健康第一的指导思想。作为增强体质、增进健康的积极手段，高校体育在对现代社会文明病的防治方面同样发挥着最有效、最积极的作用。

从这个层面来讲，高校体育要服务于学生身体素质的提高，从而最大限度地满足现代社会对人的身体所提出的要求。

（二）提高大学生社会适应能力

随着现代社会的发展，教育者越来越重视提升人的社会适应能力，这主要取决于在影响人的生活和工作方面，适应能力的高低明显高于知识掌握情况和身体健康状况的优势。然而，从现实层面来讲，学生在适应社会方面普遍存在一定的问题。

在日益紧张的生活节奏，以及日益残酷的竞争面前，人们适应自身所处环境的程度直接决定了其面临和应对这些挑战的效果，除了对自然界的约束，生存法则同样对人类的社会生活具有同样效益的约束。提高学生的社会适应能力拥有多重渠道，而高校体育教育则是其中极其重要的一个方法，因为只有在

"社会"环境下，也就是建立与他人之间的内在联系的前提下，才能确保大多数体育项目的有序性和有效性。

在参与高校体育教学活动的过程中，当运动需要不同时，参与对象往往需要"扮演"其中的某种角色，并以特定的体育道德标准和体育规则为指导来组织体育活动。长此以往，学生在接触和体验与社会经历相近的各种情景时所采用的方式会更加集中、直接和主动，而从本质上来讲，这既是学生最早接触的具备社交雏形的场所，又体现了一种社会活动，同时在学生社交能力、独立工作能力以及社会适应能力的同步提高方面发挥着不可或缺的重要作用。

三、现代高校体育教学对大学生人格的塑造

（一）高校体育教育中人格教育的现实意义

整体上讲，凡是以实现健康人格塑造为最终目标的教育类型，也就是对与意识倾向相联系的人格因素的健康发展发挥重要促进作用的教育内容，均可被称为"人格教育"。学生的全面发展所涉及的对象，并不仅仅是小部分人，而是满足社会发展需要的全体学生的共同进步，它要实现的发展目标也是涵盖德智体美劳等内容在内的人格的全面发展，是摆脱了统一范本和标准束缚，具有明显个人独特性的个性发展，是基于学校推动的、学生的当前发展而存在的可持续化的终身发展。

在体育学科教学任务和教学性质的双重影响下，体育教育应当将人格教育纳入其教学体系的重要内容，"体育教学在培养学生健康体魄的同时，也很好地培养了学生的群体的人格健康发展[①]"。从高校开展体育教育的角度来讲，应当坚定提高学生心理、身体和社会适宜能力整体健康水平的体育教育方向，践行"健康第一"的思想指导，通过多个领域（如行为、情感、认知、技能等）并行推进课程结构的构建，在课程实施的全过程贯彻和落实学生健康水平的增进

---

① 王宇航.体育教学对学生人格发展的影响［J］.运动，2015（23）：87-88.

理念。

同时，我国对体育教育在培养大学生健康人格方面的责任进行了明确规定，例如，以体育精神的发扬为前提，带动乐观开朗、积极进取生活态度的建立；对体育活动与自信、自尊之间的关系进行正确客观理解；推动克服困难、坚强不屈意志品质的建设；以体育活动等方法对情绪进行调控；以提高对群体健康和个人健康的责任感为前提，带动健康生活方式的形成；以和谐人际关系的建立为前提，促进良好合作精神和体育道德标准的形成等。

除此之外，将人格教育渗透到体育教育当中，也与教育的现实需求相适应。

（二）高校体育教学对大学生人格塑造的作用

1. 培养竞争能力与参与意识

随着现代社会开放程度的日益提升，人们越来越重视个人对社会的融入和奉献，认为这是人生价值得以体现的有效路径。

作为社会群体的活跃度最高的人群，大学生在融入多样化、挑战性、丰富性的体育项目方面具有得天独厚的先天优势，甚至对于大学生群体而言，融入体育活动也是其明确个人定位以及在娱乐、体验、竞技、观赏的过程中有所收获。优胜劣汰在当下的竞争社会背景中，已经成为社会大众的共识，基于此，我们必须在大学生培养方面进一步凸显其勇于面对挑战、勇于应战的能力和勇气。

本质上来讲，体育的发展过程集中体现了人类竞争意识、创新意识和表现意识的实践和可持续发展。尽管，含蓄、谦逊是我国传统儒家思想的核心与内涵，而在这种思想的影响下，青年人无法充分展现其个性和能力，但是，积极进行能力、水平和自信的自我展示和表现恰恰是体育活动对学生的重要要求，只有这样，才能将学生展现在别人面前，使其他人更直接、更透彻地了解学生的能力和魅力。与此同时，除了对学生肌体质量的有效改善之外，参与体育活动还对学生的性格与气质、自信勇敢人生态度的养成发挥着重要影响力，从而推动着其树立勇于接受挑战的勇气。

2. 培养团体意识与创造能力

团队的力量永远高于个人力量。置身于一个纷繁复杂又充满挑战的社会里，更多需要通过团队的力量、集体的智慧去克服困难，攀越高峰。团队集体项目在体育运动中出现的频率极高，集体是每一个成员能力发挥和潜力挖掘的环境，成员之间的相互配合、协调统一则为集体项目的成功提供了重要保证，因而，就必须杜绝极端的利己主义、自我中心以及对集体力量进行无视等情况的出现，坚定健康积极的道德基础，以集体荣誉感、责任感来升华个人思想境界，捍卫集体利益。

同时，要让成员正确认识个人力量在集体力量面前的渺小和微不足道，从而培养其集体主义价值观，促进其乐于助人、合作意识优良品质的养成，以及为其参与学习活动提供动力保障，通过对先进技术和知识的掌握，有效推动社会的进步和个人的社会融合程度。当然，我们也不能因此而完全忽视个人的创造能力，一个集体的创造能力必然来源于集体中每一个个体的创造力。因此提高大学生的创新思维和创造力是培养、完善其人格的必然要求。只有这样，才能保障学生思维活动的积极性，引导其自主思考，对原方案进行及时调整，从而有效应对瞬息万变的赛场，使学生思维的创造性和灵活性得到有效培养。

3. 培养挑战意识与自律能力

体育教学过程中，通过教学内容的巧妙设置、方法手段的有效实施等，诱导学生向难题、障碍、对方挑战。使学生在经历过筋骨之劳、体肤之累和心灵之震颤之后，能够收获一段宝贵的挫折经历，能够获得来自对自我、对手和困难加以战胜后的愉悦感。

同时，教师作为这一过程的主导者，应当从方法论上指导学生，使其战胜困难、不断前进，有效鼓励其自信心，当他们面对挫折展现出退缩状态时，要教会学生坚持不懈，直至最后的胜利。经过长时间的训练，学生们不仅学会了积极乐观地面对和处理现实境遇，还可以在迎接新挑战时保持积极健康的心态，从而奠定其健康人生价值观的基础。

除此之外，公平合理是体育的基本属性，我们应当遵循其特定的游戏规则，以免因违反规则受到牵连，而受限于既定规则，也是任何人参与体育游戏和竞赛活动的基本前提，更是参与者道德行为沿着固定方向发展的制度保障。

学生越是表现出对教师和教练的尊重、对规则的遵守、对裁判的服从、对观众的尊重等，越是收获了大部分人的喜欢；反之，学生若是表现出了对裁判和观众的无视以及极端个人主义、动作粗俗鄙夷等状态，就会因对体育规则和"公德"的触犯被处罚和制裁。而体育活动的开展，就是进一步明确其"个人意志为集体需要让步"的思想意识，使其能够在符合体育规章制度的相关规定范围内组织和发展个人行为。更进一步来讲，在依法治国时代背景下，逐渐培养其遵纪守法、以"法"律己的优秀道德品格。

在对健康人格进行培养的过程中，应该重视协调大学生体育能力培养与人格教育之间的关系，使学生的体育能力得到显著提高是现代体育教育的根本任务，所以，在开展体育教育的过程中也应当始终贯彻这一根本任务。

在人格塑造方面，体育教育同样发挥着重要的载体作用。所以，除了使学生的体育能力得到显著提升，体育教育还应当充分发挥其人格教育、审美教育和思想教育的多元功能和多重任务。因而，要严格避免过度强调体育健身性，将体育学科等同于培养学生健身方法这一"纯健身训练"课的工具的误区，只有这样，才能确保人文价值源远流长，才能使素质教育的根本宗旨得到有效践行。同样地，还应当精准把握对体育人文性和体育教育的人格教育功能加以凸显的程度，从而使体育学科培养体育能力的价值得到有效保障。

总之，为了确保体育教学双向性功能的最大限度发挥，必须首先保障高度统一体育学科的工具性和人文性。

第二章　现代高校体育教学
与训练方法的选择优化

第一节　现代高校体育教学方法及其意义

一、高校体育教学方法的概念界定

教学方法指实现体育课程教学目标由师生共同完成的一切教学活动和教学方式的总和。它是由一系列行为组成的一个操作系统，具体包含了教师和学生两个层面的操作体系。我们可以从以下几方面来对体育教学方法进行理解。

（一）体育教学方法是"教"与"学"的统一

好的体育教学方法是教与学的统一体，也就是说教师和学生之间只有通过相互的有效互动，形成一种沟通的桥梁，才能真正发挥出体育教学方法的作用和价值。我们可以从两个层面来理解体育教学内容和相关的体育教学活动：一是教师的"教"，二是学生的"学"。教师作为教授知识的主体，其选用的教学方法和手段都是以学生为对象的，学生对于知识和技能的掌握及其理解能力的提升是教学活动开展的重要契机；对于学生而言，他们只需要紧跟教师的引导的步伐，积极参与学习和互动的实践，与教师建立紧密的沟通和联系，以获得更大的进步。因此，只有将教与学切实贯穿于教学的整个过程，积极促进教师与学生之间的互动与交流，才能够真正实现体育教学任务和目标。

（二）体育教学方法是师生动作和行为的总和

体育教学方法的贯彻与实施需要师生之间的互动，互动又是通过语言、动作和行为来实现的，因此可以说体育教学是师生的语言、动作和行为的综合体。具体而言学生要掌握体育运动的理论知识或者是某种运动技能，都必须要经过体育教师的讲解、示范、纠正等动作的支持；在此基础之上，学生进行反复练习也是一种行为上的体现。

（三）体育教学方法的功能具有多样性

现代教育理念赋予了体育教学多样化和丰富化的功能。现代体育教学既关注运动技能的掌握、身体素质的提升，同时也更加强调学生素质的全面提升。

二、高校体育教学方法的层次系统

（一）教学策略

教学策略是教学方法的组合，是教师将多种手法和手段组合在一起进行教学的行为方式。体育教学策略的优劣主要体现在单元和课程的设计思路和方案的设计。例如，作为一种广义的教学方法，发现式教学法就主要是模型演示法、提问法、讨论法、归纳法等传统意义上的教学手段的有机组合。

（二）教学方法

在体育教学方法的层次系统中，教学方法处于"中位"，它与传统意义上的教学方法基本相同。是体育教师为达到一定的教学目标运用教学手法进行体育教学的行为与动作的总和。通过一种主要手法的运用来进行教学的行为方式。例如，提问法具体方法就是为检验学生对知识的掌握的状况，还可以激励学生积极参与课堂互动和对问题的思考。体育教学方法其实也是一门"技术"，通常应用某一教学步骤，而且会由于不同教师的教学风格的不同而呈现出不同的特征。

（三）教学手段

在体育教学方法层次中，教学手段处于"下位"的地位。它是传统意义上的教学方法的一个部分，我们也可以将体育教学手段理解为一种"教学工具"，也就是说在某一个具体的教学步骤中可能会采用各种教学手段来协助教学课程的顺利完成。

三、高校体育教学方法的重要意义

体育教学方法的重要性不仅产生于教学活动的进行过程中，而且在教学活动结束之后的一段时期内，教学方法为学生带来的影响也是极为深远的，因此这是其他体育教学要素在功能上无法与之媲美的。

（一）促进良好体育教学氛围的营造

科学合理的体育教学方法使得学生对于体育学习的积极性以及参与体育活动的积极性都可以大幅度地提高；通过适当的科学化的体育教学方法，可以对学生的学习的专注程度也会有所提升，这对于形成良好的学习气氛也是非常有益的。另外，良好的学习氛围能够更好地带动所有的学生一起投入体育学习，从而形成一种良性的循环，最终共同提高体育教学的质量。

（二）促进学生身心素质的全面发展

任何一种体育教学方法的产生必定是受到某种或某些科学思想或理论的熏陶与影响，因此可以说任何一种体育教学方法都具有一定的科学性与和合理性。基于此，要达到促进学生身心健康发展的目标，体育教师就需要对体育教学方法进行合理地利用以及科学地组合使用。如果采用的体育教学方法与教学内容或者与学生的实际情况、学校的教学设施等客观条件相背离的话，不仅不能够促进学生的学习能力的提升，而且还有可能会给学生的综合发展带来阻碍作用。

（三）促进体育教学质量的提高

通过科学的体育教学方法，能够充分激发出学生的学习兴趣与热情，充分发挥出学生的学习主观能动性，这对于促进学生的学习效率和全面提高学生的体育教学质量具有积极的促进作用。

第二节　现代高校体育教学与训练方法的类型选择

一、传统体育教学方法

（一）传统体育教法

1. 语言教学法

语言教学法，是指教师通过语言方式来描述体育知识、文化、动作要领、技术构成、教学安排等一系列活动要点的方法，学生通过对教师的语言的理解，逐步掌握知识的要点。

（1）讲解教学法。讲解教学法，是指教师通过讲解来展开教学活动内容。讲解法一般用于体育理论的教学，讲解教学体育教师需要注意学生所处的认知能力和知识水平。如果讲解的深度和难度超出了学生认知能力的范围，让大部分学生感到难以理解，则说明教师阐释的方式或者选用的教学内容不适合学生。讲解法的使用要点如下：

第一，明确讲解的内容和目标，讲解的过程要突出讲解内容重点和难点；讲解要有较强的目的性和针对性，也就是说在讲解之前就已经预设好讲解将要达成什么样的目标，以便于在讲解过程中对课堂的整体方向有所把握。

第二，保证讲解内容的准确性。教师要有科学严谨的教学态度，高度重视讲解内容尤其是体育历史文化、专业术语的解释、技能方法的描述要准确到位。

第三，注意讲解的形式要简单明了、生动有趣。任何繁冗拖沓、枯燥乏味的内容都容易让人产生厌倦的感受，因此教师要善于利用图片、视频与语言讲解相配合，同时采用多样化的表达方式，将知识点描绘得更加形象自然，加以肢体动作以促进学生对语言描述的理解。

第四，讲解要由表及里、易懂易学。对于同样的知识点不同的教师进行教学的效果往往会产生一定的差异，产生这种差异性最主要的原因之一就在于教师对于引导学生进行理解的方式。优秀的、有经验的教师往往更善于通过对比、类比、递推、递进式提问等形式来启发学生的想象思维和主动思考，促进学生对于知识的敏感性，能够发现知识之间的内部联系，并形成自我的认知能力和属于自己的知识体系，并且能够灵活地完成对知识要点的迁移。

第五，注重讲解的知识在逻辑上的先后顺序以及他们之间的内在关联性，以便于学生能够更快地完成对知识的掌握并形成较为稳定的知识体系。

（2）口头评价法。作为体育教学中的教学方法之一，口头评价是最为快速和直接的一种评价和提醒，它不拘泥于某个具体的时间点和地点，既可以在课堂中进行也可以是在一节课结束之后，体育教师对学生的学习和练习以及获得的学习效果进行简要的、概括性的点评。口头评价可以按照评价的性质分为积极评价和消极评价两种：积极评价是带有肯定、表扬和鼓励的性质的评价；消极评价是由于学生的表现不够理想，具有一定的批评和鞭策作用的评价。由于该评价是以批评的性质为主，因此教师要尤其注意沟通的技巧，注意措辞的方式，就事论事，既要让学生充分认识到自己的不足之处，又要保护学生的自尊心，不能打击学生的自信心，而是要让他们扬起更进一步的风帆，迎头赶上。

（3）口令、指示法。口令、指示的语言凝练，短促有力，因此在体育教学的实践中教师可以适当通过口令指示给予学生一定的知识，这种方式尤其适用于体育教学中的动作教学。口令和指示法的应用有以下要求：

第一，发令的声音要清晰、洪亮。教师应发音清晰、声音洪亮。

第二，注意使用口令法和指示法的时机。

第三，注意口令和指示发出语速和节奏，太快了学生跟不上，太慢了会削弱其力度和有效性。

2. 直观教学法

直观教学法是通过给予学生的视觉等感官以刺激来促使学生对体育知识产生深刻了解，直观教学法的优势和特点是直接、生动、形象，因此产生的效果往往也更具有震撼力和持久性。体育教学中有以下最为常见的直观教学法。

（1）动作示范法。动作示范法，就是指在体育教学中，教师通过对教学内容的动作示范，来帮助学生熟悉动作的结构和动作的要领，同时对该技术动作有一个整体上的、比较形象化的了解。动作示范教学法的使用要点如下：

第一，明确示范目的。在示范之前，要明确示范的目的是什么，通过动作的展示，要使学生达到什么样的学习效果。进行动作示范之前，要指导示范的目的是什么，要展示什么。

第二，动作的示范要标准连贯。因为教师的演示就是学生学习和模仿的参考，所以教师的示范必须要正确，否则一旦学生形成错误的动作习惯，对其的后续的学习会带来许多麻烦与不便。

第三，注意要选择合适的示范位置和角度。这样做的主要目的是要使所有的学生都能清晰地观察到动作示范，从而对技术动作产生一致性的、准确的理解和认识，为了实现该目标，教师可以选择从多个角度来进行多次示范等方法。

第四，将示范应与讲解相结合。通过示范、讲解两种方式的配合，调动学生的听觉、视觉和触觉等多个感官的功能，使学生对于技术动作有更为深刻的理解和认识。

（2）教具与模型演示。利用教具和模型等实际物体来辅助体育的教育教学，使学生对于技术结构的理解会更加的简便和轻松。教具与模型演示的使用要点如下：

第一，根据教学内容，需要提前将教具和教学模型准备好。

第二，教具、模型的展示要全面到位。尤其如果是对器材进行具体介绍和讲解的时候，可以让学生近距离地观察和体验。

第三，使用过程中要注意保护教具与模型，使用完之后要小心地收纳到指定容器内，并放置到安全的地方以防损坏。

（3）案例教学法。案例教学法就是在体育教学中用反面对比和类比等方法来列举例子，让学生能够更好地理解所教授的内容。案例教学法有如下的具体要求：

第一，例子的选取要适合，确保能够产生目标要达到的加强、对比等方面的作用。

第二，选取有关战术配合的案例时，其案例的分析要尽量详尽一些，并且要注意从攻和守两个角度来进行分析。

（4）多媒体教学法。多媒体教学方法在现代体育教学中的使用越来越广泛，与传统的板书教学最大的区别和优势在于：多媒体教学可以形象生动地将教学内容展示出来，通过动画和视频演示、慢放和定格等操作，可以将每一个动作的每一个重点和细节都精准地定位、展示和分析，从而使学生对动作技术有更加快速、清晰、深刻的认识，这是传统的肢体示范和口头讲解都无法实现的。多媒体教学法的运用需要多媒体教学设备等硬件条件的支持，也需要教师具备多媒体操作技能作为软件方面的支持。

3. 完整教学法

完整教学法在体育教学中有着较为广泛的应用，其主要应用与教学实践课，重点强调体育教学过程中要完整地、不间断地对整个技术动作的过程进行展示，使学生从整体上产生对动作的整体概念和印象。完整教学法在体育教学中的应用，有以下要点需要引起注意。

（1）完整展示要及时。也就是说在通过语言讲解之后，要尽快进入整体展示的阶段，保持学生在认知上的连贯性，在语言讲解和整体展示的连续的、双重作用下，促进学生对技术动作有一个正确的把握。

（2）前期的动作练习要适当降低难度。对于难度系数稍大的动作，教师可以先降低动作的难度和要求来引导学生完成完整的动作流程，然后逐渐增加难度，待学生比较熟悉动作流程之后再按照标准动作的要求来完成整个动作的学习和练习。

（3）要对动作的各个要素进行全面的解析，而不是仅仅局限于将动作连续地展示给学生看。这里的动作要素主要包括动作的发力点、支撑点、用力的方向、大小以及所有影响动作标准的细节因素。

4．分解教学法

分解教学法是与完整教学法相对的，更适合于高难度的运动项目。分解教学法的主要优势分步教学，将原本很复杂的动作变得更容易理解和模仿，从根本上降低了技术动作的难度。具体来说，分解教学法的应用，需要注意以下三个方面。

（1）学得选择技术动作的分解的节点，不要破坏整个动作的连贯性。

（2）注意依次教学和加强衔接练习。对于分解后的各个部分要按照其先后顺序进行练习，之后还要将各个环节的衔接处结合到一起，并对此做专门的强化练习。

（3）将分解法和整体法相结合运用，可以获得更好的教学效果。

5．预防教学法

学生的体育学习和教师的体育教学一样也是一个开放性的过程，因此其受到各种因素干扰的可能性较大。除此之外，学生的理解能力、认知水平、身体的协调性和体能素质等各方面的条件也存在较大的差异性，要求所有的学生都能够迅速掌握体育知识和动作的要领显然是不现实的。在学习的过程中学生不可避免地会出现各种各样的错误，这就要求教师要注意观察学生的动作练习的情况，总结出其中的规律性，指出错误发生的根本性原因并予以纠正。预防教学法正是针对学生的错误认知、错误动作这种现象而提出的一种具有预防、阻断效果的教学方法。应用预防教学法有以下要求。

（1）体育教学中，在前期讲解过程中要不断强化正确的认知，并对易于出错的地方予以强调，避免对动作的理解产生歧义和不正确的认知。

（2）教师在正式上课之前要对可能出现问题的地方进行预估，然后设计出一套比较完善和高效的解决方案，这样可以节约上课时间，提高教学效率。

（3）可将口头评价的教学方法综合运用到实际的教学过程中，提示学生在关键的时候不要犯错误。

6．纠错教学法

纠错教学方法是指在实际的教学过程中教师发现了学生发生了在理论认识和动作练习上的错误之后及时纠正的一种教学方法。其中动作错误主要体现在对于动作理解上的偏差而导致的错误，或者是由于不够熟练，达不到标准的技术动作，针对不同的情况教师要对此加以分析采用不同的引导方式。纠错教学法有以下具体的应用要求。

（1）纠错时，要反复重申正确动作的关键要点，要使学生真正明白错误动作产生的原因在哪里，这样才能帮助他们及时改正，而且不会出现反复重犯的现象。

（2）必要的时候，可以使用一定的外力帮助学生对于技术动作形成正确的本体感觉。比起预防性的措施，纠错具有较强的针对性，因此教师必须要能精准分析错的源头，才能给出最为合理和有效的解决方案。

7. 游戏教学法

游戏教学法指教师通过游戏娱乐的方式促使学生对体育知识要点的掌握。该教学方法应用比较广泛，可用于各学习时期尤其适合于低龄的学生。其最大的优势在于可以极大地调动学生的学习积极性。在进行游戏教学法的过程中，需要注意以下方面。

（1）注意游戏的设计其所涉及的行为方式、思维方式都应当与所教授的内容具有较高的相关性。

（2）游戏的设计和选择要注意学生的兴趣和偏好。应选择学生感兴趣的内容、方式。

（3）在游戏开始之前，教师要讲清楚游戏的规则和游戏的目标是什么。注意游戏规则、目的的讲解。

（4）在开展游戏的时候，鼓励学生要尽力而为，队友之间要形成良好的合作。

（5）在游戏过程中，教师要扮演好"警察"的角色，对于犯规的学生要给予一定的惩罚。

（6）游戏结束后，体育教师要问问学生的感受如何，同时对学生的表现给予中肯全面的评价。

（7）在整个游戏教学的过程中教师要提醒学生注意安全，提醒并禁止具有安全隐患的行为。

8. 竞赛教学法

竞赛教学法就是通过组织各种比赛来促进体育教学的一种方法。竞赛教学法可以提升学生各方面的综合能力是一种比较理想的训练方法和教学方法。比赛可以增加学生运动技能的实践经历，使得那些高难度的动作和技战术不是纸上谈兵，同时还可以锻炼学生的团队协作能力，以及面对突发状况的心理调适能力和应对问题的能力。竞赛教学法是体育教学当中具有特殊优势的一种教学方法，对于提升学生的心理素质，竞技水平以及他们的身体素质都有着不可取代的重要作用。关于竞赛教学法，其应用，有如下注意事宜。

（1）具有明确的目标。一般是通过竞赛提升学生相关运动项目的技能水平。明确竞赛目的。通过足球运动竞赛切实提高学生的足球运动技能水平。

（2）合理分组。各个对抗队的人员实力要处于不相上下的水平，这样才能通过激烈的竞争获得共同的提高。

（3）客观评价。教师要密切关注学生在竞赛过程中的表现，既要从整体上把握，又要看细节的处理，只有做到这一点才能给学生以最客观和中肯的评价，从而使学生能够清晰地意识到自身的优势和不足，促进他们获得进一步的提升。

（4）竞赛教学法的前提条件是学生对于运动项目有一定深度的理解，并且已经熟练掌握相关的技术动作，这样可以有效避免出现由于不熟练带来的运动伤害。

对于每一位体育教师而言，不能仅限于某一种教学方法，而是应当不断地尝试和学习新的教学方法，并结合教学的实际情况科学、灵活地选择和组合。这样可以显著提高体育教学的质量。

（二）传统体育学法

1. 自主学习法

自主学习法是指学生主动发现、分析、探索，独立自主地进行体育学习的方法，但这并不意味着学生可以完全脱离教师的指导，而是要在教师一定的引导下开展的自主性学习活动。体育教师指导学生进行自主性的体育学习，应当要注意以下几方面。

（1）难度要适当。由于是自主性学习，学习过程以学生自己思考与探索为主，这对于学生来说并不是一件轻而易举的事，因此教师要注意根据学生的年龄阶段、认知特点，为学生选择难度适当的学习内容，保证具有一定的挑战性，但又不至于无法完成。

（2）明确学习目标。教师要为学生的及自主学习制定一个清晰的学习目标。通过这个学习目标，学生要清楚地知道自己要完成的任务是什么，通过自主学习学生需要解决哪些问题，以及要达到什么样的水平。

（3）学生要参照学习目标，在学习过程中学会自我调控：①对学习过程有一个整体的把握；②学会积累各种学习方法，并思考学习方法与运用场景之间的联系；③有创新思维，在对具体情境进行较为客观的基础上将已有的知识进行迁移和组合，从而创造出专属于自己的新策略。

（4）教师要对学生的自主学习给予适当的辅助与引导。学生的自主性学习并不是放任不管的无组织的学习，相反它更是一种有计划、有目标的学习过程，在这个过程当中教师要关注学生的学习进度，如果出现不妥当的情况，学生的学习路径或思考方式与学习目标发生偏离就需要及时给予纠正。

2. 合作学习法

合作学习法就是指在学习的过程中国强调合作的重要性，强调学生之间的相互帮助和配合，通过合理地划分工作任务和相应的责任，最终能够共同圆满地解决问题，达到学习目标和任务。达到教师所设定的学习目标，完成教师布置的学习任务。

（1）确立学习目标，通过该合作式学习预期要达成的效果是什么。要重点培养学生在哪方面的能力。

（2）将全部的学生分成实力相当的小组，依据任务特点，注意将不同性格、性别、特长的学生的合理搭配，以促使学生之间相互取长补短。

（3）确定小组研究课题，引导学生合理地进行组内分工，并探讨如何提高全组的学习效率。

（4）完成小组学习任务。

（5）各个小组之间进行学习和交流，分享各自的经验的心得，通过交流和分享各个小组可以相互学习，发现自身优势和不足。

（6）教师关注、监督和评价学生学习的过程，并帮助学生一起做好学习的总结。

（三）传统体育练法

1. 重复训练法

重复训练法就是通过不断重复进行某一个训练内容来提高身体素质和运动技能的一种体育学习方法。重复训练法的核心和本质就是通过重复性的动作使得某一固定的运动性条件反射不断地得到加强，使得身体产生一种固定的适应机制，进而使学生实现对技术动作的掌握。

一般来说，重复训练法有两种分类方法：一种是按训练时间的长短，分为短时间重复训练法（低于 30 秒）；中时间重复训练法（0.5～2 分）；长时间重复训练法（2～5 分）。另一种是按照期间间歇方式来划分，分为间歇训练法与连续重复训练法。

重复训练法的应用要求如下。

（1）同一动作的反复练习容易使学生产生枯燥和厌倦之感，因此教师要关注学生的情绪的变化，并适当地给予调节。

（2）注意训练动作的规范性，同时还要注意训练的负荷。

（3）强调技术动作的正确练习，如果学生连续出现错误动作应停止练习，防止错误强化。

（4）科学确立学生训练负荷、强度和频率，要依据运动项目的特征和学生的实际情况来设定。

2. 持续训练法

持续训练法就是无间断地、持续地进行某项身体练习的训练方法，其前提要求就是要保持一定的负荷、强度和运动的时间。

持续训练法的分类方法可以根据训练持续时间来划分，分为：短时间持续训练法、中时间持续训练法与长时间持续训练法。

持续训练法的应用要求如下。

（1）持续训练法，既可以用于单个技术动作也可以用于组合性的技术动作。

（2）在训练开始前，应向学生介绍具体的训练内容及其顺序安排，同时提醒需要注意的要点。

（3）持续训练过程中，体育教师要提醒学生注意训练动作的质量，并对动作的质量做出具体的要求，这样才能使持续训练获得比较好的效果。

3. 循环训练法

当训练内容较多的时候可以采用循环训练法。其具体操作就是将这些训练的项目先按照一定的原则进行排序，依次完成之后回到最初的任务开始训练，不断重复所有训练内容。循环训练涉及不同的训练内容，因此在一定程度上可以增强学生对于体育学习的积极主动性。

循环训练法，可以按照运动负荷和训练的组织形式来划分。

按照运动负荷，分为：① 循环重复训练法，各训练站点之间间歇时间没有严格规定；② 循环间歇训练法，各训练站点的间歇时间有明确规定；③ 循环持续训练法，各个训练站点之间是连续性的，几乎没有间歇时间。

按照训练的组织形式，分为：① 流水式循环，按一定的顺序一站接一站地周而复始；② 轮换式循环，各学生在同一时间点上练习的内容不一样；③ 分配式循环，先在站中练习，然后依次轮换练习站。

循环训练法的应用要求如下。

（1）找出各个训练内容之间的内在逻辑和规律，合理安排他们之间的顺序。

（2）训练不能急功近利，而是要循序渐进，一般情况是先练一个循环，坚持训练两到三周再增加一个循环，这样学生就有一个适应的过程。

（3）注意一次训练不得超过 5 个循环。

4. 完整训练法

完整训练法，指在整个训练过程中只完成某一个动作、某一套连贯动作或者某一个技术配合，其最显著的特征是整个训练过程流畅自然、一气呵成。完整训练法的应用要点如下。

（1）完整训练法比较适合于单一技术训练。适用于单一技术训练。

（2）如果是针对复杂的技能训练，就需要学生具有良好的基本技能的基础。

（3）在战术配合的完整训练中，教师要在战术的节奏、关键环节的把握等方面做适当的指导。

5. 分解训练法

分解训练与完整训练是相对而言的，是对训练内容的各个阶段和环节出发，对其中的每一个部分做精细化的研究和训练，并做到各个击破，最后达到整体掌握的目的。

分解训练法可以分成四种：① 单纯分解训练法，把训练内容分解成若干部分，然后分别练习；② 递进分解训练法，把训练内容分解成若干部分，依照规律有序练习；③ 顺进分解训练法，训练内容分解后，先训练第一部分，再训练第一、第二部分；再训练第一、第二、第三部分……步步为营；④ 逆进分解训练法，与顺进分解训练相反，先训练最后一部分，再将前一个训练内容叠加训练。

分解训练法的应用要求如下。

（1）科学分解，对于浑然一体联系紧密的部分不能强行割裂。

（2）对各个部分要做精细化的研究，以便于达到训练动作的精细化、标准化。

（3）熟练掌握各个分解部分之后，要进行完整练习加以巩固。

二、新型体育教学方法

（一）娱乐教学法

增强学生体质是学校体育教学积极效应的重要方面，但是在现实的教学过程中，仍然有相当一部分学生对体育课堂的学习显得不感兴趣，所以不能积极主动地参与到体育活动当中来。

因此，为了激发出学生对体育课的兴趣，更好地焕发出体育运动本身具有的独特魅力，就必须要改变过去单一的教学形式，积极采用娱乐教学法，重新编排和组织体育教学内容；在娱乐教学过程的设计上，体育教师也需要下功夫，积极探寻每一堂课教学内容当中的娱乐性成分和娱乐性元素，或者考虑如何将娱乐性元素如游戏、音乐、竞赛、趣味性道具的使用等穿插到体育教学过程当中。这样的做法会给教师的工作带来一定的负担和压力，但可以充分展现出体育教学内容的丰富性和趣味性，只有当学生的学习兴趣提高了，学生的学习效率就会随之得到提高。与此同时，在该方法的使用中要避免走纯娱乐的另一个极端，如果失去了培养学生强健体魄和学习能力的本质任务的把握，那将是得不偿失的行为。

（二）成功教学法

成功教学法就是按照学生的接受能力，将教学的技术动作的就精华部分提炼出来，适当降低其整体的难度，鼓励学生凭借自己的意志力和理解能力顺利完成动作的学习。在该过程中，学生通过对技术动作的顺利完成体会到成功给自己带来的舒畅感和快乐感，这是任何外来的鼓励都无法比拟的。由此，学生对于体育学习的信心大增，坚信自己可以学习好其他的体育运动技能。

在一些对于体育学习丝毫不感兴趣的学生的了解中，发现相当一部分学生是由于自己的体育运动的表现不够好，与其他同学比起来差距较大，由此内心对体育课程的排斥心理就越来越严重，而通过成功教学法可以重新燃起学生对于体育学习的信心，培养他们坚韧不拔的意志品质，形成正确的学习动机，这对于运动技能的提升是非常有益的。

（三）逆向思维教学法

逆向思维教学法是指以与常规思维相反的思维方式来开展教学活动的一种教学方法，从常规的思维角度来说，教师一般都会比较习惯按照技术动作自然发生的顺序来进行体育教学，但有时候按照反常的程序来教学反而可以取得更好的教学效果。例如在跳远的教学中，可以先教起跳，然后教助跑和落地动作；标枪的学习，可以先教投掷动作，再教助跑，最后将各个部分组合到一起，做完整练习。此类教学有一个共同点就是把最难的部分放在最前面来学习，这为这部分动作的正确与否对运动项目的比赛成绩，起到决定性的作用。

在体育教学实践中，教师经常会发现学生总是学不会一个看似很简单的动作技能，尤其是当这种问题呈现出普遍性特征时，教师就需要用逆向思维来看待这些问题，因为很有可能问题不在于学生的"学"，而在于教师的"教"，如果教师能够及时地反思教学中，是哪个环节出现问题还是整个教学方式的选用不适合。这种"反思"其实也是逆向思维教学法的一种体现。

（四）探究教学法

探究教学法就是指教师着意引导学生在教学过程中发现问题、分析问题，最终提出可行性方案而解决问题的一种教学方法。通过该教学方法，学生在探索和分析的过程中，不知不觉地掌握了相关的知识和技能，同时培养出了高超的洞察力和知识迁移的能力。探究教学法符合现代教学教育理论，以及以学生为主体的教学理念，因此越来越受到体育教师的重视。在探究教学法的应用过程中，要注意以下问题：

第一，目的要明确。教师要提前确认研究计划，确保体育教学目标的实现。探究的目标模糊或者实际的教学与探究的目标相背离，会造成无效的教学，浪费师生的时间和精力。

第二，探究的内容和主题，要和学生的运动水平以及他们的认知能力相一致。教学内容太简单，学生会感到没有激情和挑战性，继而产生无聊的感觉；内容难度设置太过于高深，又会打击学生对于体育学习的自信心。因此教师要深刻理解这一点，引导学生做难度适中的探究性学习。

第三，对于一些难度偏大的探究性客体，学生通过努力仍然没有较为理想的思路时，教师要适度地启发和鼓励。

（五）微格教学法

微格教学法指的是一种为了将枯燥的体育理论知识变得形象生动更具有吸引力，而采用一定信息化技术手段的教学方法，"具体而言，微格教学法是在相对有限的时空范围内，采用录音与录像等现代技术手段，帮助学生提高他们的某项技能[①]"。在体育教学中,使用微格教学法的具体步骤如下。

1. 提前准备好课件

教师需要在上课之前课前对视频进行剪辑处理,并制作成教学课件以应用于体育教学,将信息化技术应用于体育教学可以使得教学内容更加丰富和形象,这对于调动学生的学习主动性具有积极的促进作用。

教师在讲解了基本体育理论知识之后,将视频或音频课件向学生展示出来你,通过这些具有感性化的视听材料,学生对于体育知识和动作技能的理性认识会逐步加深,从而可以从根本上提升学生的体育运动技能。例如,在篮球技术的教学过程中,教师可以在上课之前搜集一些著名的篮球明星是如何完成这些技术动作或者战术配合的,然后将其剪辑成教学课件,学生通过这些视频,便于对技术动作的深刻理解,加上是有关自己敬仰的篮球明星的"示范",这对于提高他们的信心和信任度都是极为有利的。

2. 以学生为主体,安排教学内容

教学内容要考虑到的学生的发展方向以及关注学生本身的兴趣所在。一方面,微格教学在教学内容的选择上应当要有针对性,要着重培养学生将来的专业或岗位所必需的素质和能力;另一方面,教师也要注意学生的时代特征和个性化特征,尽量选择具有典型意义和在学生群体中普遍受欢迎的体育教学内容。与此同时,体育教师还要注意在体育教学过程中给学生留下一定的思考的时间和空间,引导学生做进一步思考和探讨,让学生在和谐、温馨、互助的学习氛围中感受到体育学习的乐趣和意义所在。

3. 将播放视频和让学生反复训练两种方式交替进行

(1)在进行教学示范时,教师可以通过高水平运动员的示范录像,方便学生形成技术动作的感性认识以便于模仿训练。

(2)老师在采用微格教学法时,还可以结合多种体育教学方,比如选择用直观教学法和分解教学法,可以强化学生对于体育技能的理解和训练。

---

① 王云,邵岗,孙毅然,等.高职院校体育教学技能训练中微格教学法的应用[J].当代体育科技,2020,10(29):19.

（3）老师安排学生进行训练，当完成一个阶段的训练之后，教师安排所有的学生分批进行演示，同时拍摄演示的视频。

（4）师生一起观看学生的演示视频，针对各个小组和队员的动作技能演示情况，师生一起展开分析和讨论，然后教师要对学生训练的结果做出客观的评价，指出训练过程中出现的错误动作，并及时纠正。

微格教学法用于体育教学还有一些需要注意的细节问题：在教学过程中，体育教师可根据体育教学的实际情况选用慢镜头或者回放，以便学生能够看得更加清晰明了；通过自己的演示视频，学生可以自行将其与标准动作做比较从而很容易就找出自己的问题所在；通过师生评价以及教师的指导，学生可以在分析和比较中，找出问题的原因所在及其解决办法。

课程结束后，体育教师可以反复观看教学的视频，对教学过程中的不足之处进行优化，同时通过微格分析处理也可以达到一定的优化效果。

（六）情景教学法

情境教学法是指在教学过程中，教师有目的地引入或创设具有一定情感的、形象化、具体化的场景，能够引起学生一种积极的反应态度，并吸引他们自觉投入，积极参与学习活动的一种教学方法。情境教学法的主要优势是，可以促进学生对于教材的理解，促进学生的健康心理素质的形成；激发出学生对于体育学习的热情，从而主动、快速地接受教师教授的知识，同时学生的学习效果也会获得较大幅度的提升；情境教学法还可以使学生体验到体育学习带来的快乐和成就感，而且情境教学法多与多媒体教学法相结合，丰富多彩的多媒体画面还可以提升学生的审美情趣、陶冶高尚的情操。体育教学中情境教学法，可以采用以下策略提高教学的效果。

1. 充分利用游戏

爱玩是孩子们共同的天性，要让学生学习好的前提是要让他们痛痛快快地玩好，再加上体育教学是以身体活动为主要内容的教学，这无疑在客观上为学生的"玩"提供了较好的机会。因此，在体育课堂必须要充分注意体育教学的娱乐性，在创设具体的教学情境时可以适当引入多样化的游戏内容，激发出学生的学习兴趣，激励学生在体育学习和练习的过程中克服各种心理障碍，学生在挑战成功之后将会逐渐形成稳定健康的体育价值观，从真正意义上体育课和体育锻炼。

比如在障碍跑的课程学习中，经常会有学生由于胆子小、害怕磕绊、害怕摔倒，不敢进入实战阶段，导致课堂无法顺利进行。因此，针对该情况，教师可以在障碍跑的终点处设立一个领奖台，鼓励学生为了拿到奖品努力克服面前的困难。在游戏结束后，对于那些能够克服心理障碍、努力达到目标的学生，教师要予以表扬，对于不够规范的动作要及时纠正，通过这样的方法，学生的克服困难的能力得到锻炼，参与积极性得到提高，同时他们动作的准确性也得到了提高。

2. 教学情境创设与音乐相结合

音乐、体育和美术是相通的，这主要是说他们都具有一定的艺术性，具有较高的美学内涵。尽管如此，在实际的体育教学中，这一点好像经常被遗忘了。情境教学就是体现体育教学的艺术美的最好的方式之一，同时也要注意到将音乐等元素引入到情境教学可以发挥出情景教学的实际作用。

同样的训练内容没有音乐和加上音乐的配合获得的教学效果是完全不一样的。有音乐配合的体育训练，使学生置身于音乐美的环境中，此时的体育训练不再是一种负担而是变成了一种美的享受。此外音乐的选择也很重要，在身体训练时可以选择激情一点的音乐，促使学生保持较好的精神状态；当训练完毕需要休息的时候则应当选择一些比较舒缓放松的音乐，使学生的身体和心情得到全面的放松和休息。

3. 运用语言创设教学情境

在传统课堂，也有教学情境创设，并且也获得不错的效果，这主要是因为课堂语言具有独特的魅力，体育教师可以通过生动的、丰富的、具有鲜明特色的语言表达方式和风格将教学内容故事化、情节化、夸张化，语言表达中的情境，同样可以给学生带来美好的学习体验。

因此在体育教学的过程中，教师要记得语言也可以创造出有意思的、独具一格的教学情境。同时，体育教师也要注意转变固有的思想观念，不断创造出具有新意的情景教学模式，从而促进体育教学事业能够不断地向前发展。

（七）分层教学法

分层教学法是指在实际的教学中，由于学生的学习基础以及自身的认知能力处于不同的水平，故而设定不同层次的教学目标和教学任务，以防止有的学生"吃不饱"而另一部分学生又学不会的现象出现，同时还可以大大提高整体的教学水平。因此，分层教学法极具针对性，是一种非常有效和实用的一种新型教学模式，所以我们要对传统的教学模式进行改革，适时运用分层教学法，这样才能有效提高体育教学的整体水平，促进学生迅速、全面、健康地发展。在体育教学中使用分层教学法需要注意以下几方面。

1. 对教学对象进行分层

在分层教学法中，首要任务就是将所有的教学对象进行科学合理的分层，要实现这一点，教师可以通过体能测试等办法来了解学生的综合体质，还可以通过问卷咨询、实际练习和竞赛的方式来测定学生的运动技能水平层次，只有对学生的情况都考察清楚并以此为依据来才可以对学生实施分层教学。在分层教学的过程中也要注意观察学习的进度以及学生对知识和技能的吸收情况，同时还要和学生保持沟通，倾听学生的心声，及时调整教学的方案。当然也可以按照其他要素和标准来分层，比如学生的兴趣爱好等，只要运用得当同样也可以获得不错的教学效果。

2. 对教学目标进行分层

教学目标为体育教学提供重要的指引作用，制定科学化的教学层次目标可以激发学生的学习动力，还可以有效提高学生的学习效率。如果教学目标设置难度过低，学生就会觉得毫无吸引力，感到枯燥无聊，注意力也无法集中；教学目标如果设置过高，学生就有可能无法跟上教学的节奏，最终也达不到预期的教学目标，严重的话还会打击他们对于体育学习的自信心。

因此，体育教师一定要注意教学目标的科学分层，这样各个层次的学生都能够展现出比较理想的学习状态，促进他们在各自所处的层次水平尽自己最大的努力，最终实现共同进步。

3. 对教学内容进行分层

教学内容的合理分层对于教学目标和教学任务的完成具有重要的意义，也是有效提高教学质量的关键性因素。对教学内容的分层，主要体现在教师要根据学生的不同的情况安排不同难度和种类的教学内容。教师需要根据学生的身体情况和自身技能接受能力进行合理的设置，比如说对于身体素质较好的、运动技能水平较高的学生可以适当提高其学习内容的难度，这样可以激发学生对知识的探索欲，以帮助他们达到更高层次的学习境界；对于基础较为薄弱，身体素质偏差的学生，可以分配一些较为简单的练习内容，主要目的是逐步提高其体能素质水平，同时还要使其保持学习的兴趣和信心。

由此可见，通过安排分层式的教学内容，可以促进每一位学生都获得相应的进步，从而可以提高整体的教学的效果。

（八）对分课堂教学法

"对分课堂"是一种教学课堂的新模式。"对分课堂"的核心思想是把一堂课的总时长一分为二，一半用于教师的讲解，另一半由学生自由讨论和自主探索学习。后面的一半时间强调的是学生的自主学习和相互交流，突出了讨论的重要性，这样可以发挥出学生的学习潜能和积极性，自主完成对知识和技能的深化理解，"对分课堂"的应用不仅可以降低教师教学负担，还可以提高教学质量，改善教学效果。实施对分课堂教学法需要注意以下要点。

1. 对课堂时间的合理分配和利用

对分课堂最关键的要点就是要将教师的讲授和学生的交互式学习分开，而且要保证在这两个阶段的中间要安排一定的时间让学生将教师讲授的知识要点和动作技能消化吸收。所以有人将对分课堂称之为 PAD 课堂，这是因为其具有 PAD 这个界限清晰、相互分离却又相互联系的三个过程，即为讲授、内化吸收和讨论。

2. 对学生进行合理分组

在划分讨论小组的时候教师要注意尽量使各个小组实力均衡，男女生比例要合理搭配。因此在分组之前体育教师对学生的基本情况要做一个详细的了解，既要保证各组实力相当，也要注意任务分配的均衡性，这样一来体现各组之间的公平竞争，制造出一定的悬念，激发学生学习的动力的潜能，男女生的合理搭配，在完成任务的过程中还可以起到性别特性互补的作用，使体育课程更有激情，也能产生更好的学习效果。

3. 宣布任务之前要做好引导和启发的工作

也就是说教师在布置一个具体的任务之前要对任务的要求进行详细的讲解，并启发学生学习讨论的思路，促使学生对学习任务有比较全面和深刻的理解。体育教师要让学生对整个学习的重点和难点都有所了解，同时也要对本次课程的目标和内容也有所把握，让学生在相互沟通、交换意见之前先想一想如何才能够更好地实现任务目标。

4. 给予学生平等的表现自我的机会

通过随机抽查和预先制定的量化标准基本可以对分课堂的实际学习效果做一个客观公正的判定。主要环节设置合理，学生的表现遵循流程安排，一般的话可以获得比较理性的效果，但是不能排除会有个别的小组偏离主题，教师要及时指出来，并给予合理化的建议。通过同时学生发言，不仅可以锻炼发言人本人的表达能力，教师还要注意引导全体学生一起分享其中的闪光点，让学生从别人的优秀表现中得到相应的启发，从而赋予了学生的自我展现以深刻的意义。

在对分课堂教学中，体育教师要提醒学生在开展讨论的过程中要以主题内容和教学目标为中心，以防止剑走偏锋，脱离主题而造成无谓的损耗。也就是说教师要主动承担"总导演"等角色，为学生提供适当的指引和指导，以提高学生的学习效率。

三、现代体育教学方法的体系

（一）现代体育教学方法体系构建的依据

在体育课程改革的过程中"目标统领教材"是一个重要的指导思想，其要求是依据教学目标来选择体育教学内容。从广义上来讲，教学内容涉及的不仅仅有教师所教授的知识和技能，同时也包括有观念、思想、行为和习惯等与学习能力相关的种种要素。这也就是说学生的学习过程就是将教师所教授的内容内化为自我的知识体系和心理体系的一个过程。这个过程不会自动地发生，而是需要教师通过一定的教学方法才能够得以实现。按照体育新课标的具体要求，对于体育教学方法的选择要视学校的具体情况和学生的身心发展特点而定。

传统体育大纲对体育教学目标、内容和考核的标准等方面都有明确规定，但是基本上是千篇一律的，其忽视了各个地区在自然环境、城乡差异以及文化差异以及经济发展水平上的差异性。

新课程标准可以对学校体育教学方法的选择提供一定的理论指导，促进了"目标—内容—方法"教学范畴体系的初步形成，在这样的一个体系的指导下，不同的地区、不同学校在选择体育教学内容和方法的时候就有了具体的参考和选择的空间。

（二）基于新课标的教学方法体系领域

新课改最大的特色就是学生的学习方式发生了巨大的变化。具体而言就是摒弃了过去那种纯粹的接受式的、被动式的学习方式，取而代之的是体现学生主体性的、主动式的、具有探索性的、研究性的学习方式的提倡和建立。

要彻底实现这一转变，教师的努力起着举足轻重的作用。其主要体现在三个方面：① 了解学生在兴趣爱好、个性特征、学习能力等的具体情况；② 充分考虑学生的年龄特征及其身体生长发育的规律；③ 为课堂师生的互动提供广阔的空间。

因此在实践中必须要建立起一个新的、完善的教学方法体系以适应新课标的要求，新时期的体育教学要遵循体育教学的本身的客观规律，结合具体的教学内容，按照标准划分的五个领域和六个级别来构建出新的体育教学方法体系。六个水平目标级别是在五个内容领域划分的基础之上确立的，他们共同决定了体育教学方法的选择。在体育教学实践中，每堂课都是根据目标来确定内容的，其所包含的五个内容领域都有着其各自不同水平的目标，体育教师依据其各个领域的水平目标值，来选择最具有科学性和合理性的体育教学方法。

四、现代体育教学方法的选择

目前，各个学校在开展体育教学时所采用的方法十分丰富多样，且各具特点。要想将教学方法的价值真正发挥出来，各个学校体育教师就一定要重视对于教学方法的选择。具体来说，学校体育教师为体育教学挑选方法的标准主要有以下几方面。

（一）根据教学目标选择

根据教学目标、教学任务的不同，教学方法在选择上也会存在一定差异性。目前各个学校体育教师为体育教学选择教学方法的主要依据是体育教学目标。具体来说，体育教师在基于体育教学目标来选择体育教学方法时，需要注意如下事项：

第一，体育教师一定要基于体育教学的总目标，来选择体育教学方法，以此来确保不管是每次课的教学目标还是总体教学目标在最后都能实现。

第二，体育教师在选择教学方法时，一定要基于本次课的教学目标，来选择合适的教学媒体以及方法。

第三，体育教师在选择教学方法时，一定要注意将教学目标进行细化，据此对于教学方法加以确认，最终确保每一个小目标在最终都能实现。例如，出于组织学生对于课堂所掌握的体育技能进一步加以巩固，体育教师可对应地采用练习法、比赛法等。又如，出于引导学生学会新技能的目标，体育教师应该多运用讲解、示范、分解、模仿等教学方法。

第四，在当代社会，体育教学总目标为"促进学生体魄强健、身心健康、全面发展"。学校体育教学在选择方法时也因为基于此进行，决不能只为一时的收益，而放弃长远利益。

（二）根据学生特点选择

体育教学所面临的群体主要是学生。如果没有学生，体育教学将会失去其存在的意义。具体来说，体育教师在选择体育教学方法首先需要考虑的是，这一教学方法是否有益于促进学生体育学习，所以一定要基于学生群体的实际需求以及特点来选择具体的教学方法。这要求体育教师既要关注学生的群体特点，又要关注学生的个体特点。具体来说，体育在基于教学对象即学生的特点来选择教学方法时，应该重点关注如下要点：

第一，就学生这一群体所具有的特点来说，体育教师一定注意把控这一群体的共性，据此来选择体育教学方法。例如，低年级学生定性较差，爱玩，体育教师就可以在教学过程中多采用游戏这一方法进行教学；高年级学生的专注力更加持久，也有了思考能力，所以体育教师可采用探究、发现法教学，引导学生在自主探究以及解惑的过程中，一步一步地培养起参与体育运动的习惯以及意识。

第二，就学生这一群体的个体特点来说，体育教师应该注意关注学生与学生之间的不同，并据此来安排教学方法。

（三）根据教师条件选择

在体育教学活动，体育教师不光是组织者、指导者，还是安排者、选择者、实施者。因此，体育教师在选择教学方法选择也同样应该对于自身的相关条件进行考虑，具体要求如下：

第一，体育教师在选择体育教学方法时，应该注意考虑该方法是否能适合自身。换言之，体育教师应该考虑运用这一方法是否可以将自身的素质水平、知识结构、教学能力与经验发挥出来，保证教学得以顺利进行。

第二，体育教师在选择体育教学方法时，应着重研究这一教学方法是否和教师的教学风格、性格特征契合。

第三，体育教师在选择体育教学方法时，应该与本次课教学目的以及课堂控制进行结合。

总而言之，体育教师在为学校体育教学选择教学方法时，一定要注意基于自己的特点来选择教学方法，以便扬长避短，使教学方法更具针对性。

（四）根据教育理念选择

在选择教学方法这一过程中，教学理念具有重要指导作用。体育教师在为学校体育教学选择方法时，应在最新体育教学理念的指导下进行，需要遵循如下三个方面：

第一，现代体育教学深受素质教育的影响，强调以实现学生身心健康全面发展作为目标。对此，体育教师在为学校体育挑选教学方法时应坚持"以人为本"，始终都坚持将健康这一理念放在学生体育参与学习过程中，这除了有益于保障学生可以积极主动地参与到体育学习之中，还有利于学生的"终身体育"意识的形成。

第二，体育教师在选择体育教学方法时，应该坚持以学生为主，根据学生实际需求来选取教学方法，进而确保学生的积极主动被充分激发出来。

第三，体育教师在选择体育教学方法时，应该注意强调对于学生体育意识的培养、体育能力的提升，进而来为其在走出校门、走向社会后继续参与体育奠定扎实的知识与技能基础，保证其在未来发展中可以主动参与体育运动。

（五）根据教学内容选择

学校体育所涵盖的教学内容十分丰富多样，为了能够保障学生很好地掌握了这些教学内容，学生需要据此来选择特定的教学方法，这样才能确保整个教学得以顺利进行，学生得以深入地掌握教学内容。在学校体育教育教学系统中主要有两个构成系统——教学内容、教学方法，二者彼此之间存在十分紧密的联系。因此，教学方法在选择时一定要重视对于教学内容的考虑。操作要求，具体如下：

第一，体育教师在选择体育教学方法时，一定要重视教学方法的实用性，即保证其可以切实可行地在体育教学中加以运用。例如，体育教师在教授技术动作时，应该运用主观示范法来为学生讲解该技术动作；体育教师在讲授体育原理时，应该运用语言讲解教学法来按照一定逻辑逐步为学生解释该原理，让学生得以真正理解以及掌握。

第二，体育教师在选择体育教学方法时，应该注意基于教学内容的表现方式来进行选择，以此保证学生以极大的热情尽快掌握该种教学技术。例如，图片展示这一方法具有直观性、便捷性，多媒体教学这一形式具有生动性、细致性，不同的方式具有不同特点，学生可以根据实际内容选择适合的教学形式。

（六）根据教学环境与条件选择

体育教师在选择体育教学方法时，一定要综合对于整个教学活动涉及的教学因素进行考虑。其中，尤其要重视对于客观教学环境与条件的考虑。

教学环境不仅包含场地、器材还包含班级人数、课时数等。与此同时，外界社会文化环境的好与坏也会对教学环境产生十分重要的影响。体育教学条件包含体育教学的硬件条件、软件条件等。

体育教学环境以及条件在开展学校体育教学活动的实际过程中，人的主观意志的影响会对教学方法的选择产生十分显著的影响。体育教师在选择教学方法时，除了需要关注这些客观教学环境因素之外，还需要对于某一种教学方法所需要必要的客观环境和条件加以充分考虑。

第三节 现代高校体育教学与训练方法的优化创新

一、高校体育教学方法的优化

（一）改变教学理念，强化教学手段

当今社会信息技术发展迅猛，教学与网络技术的融合已经成为一个不可逆转的趋势。在教学中，运用网络技术，可极大程度地保证整个教学可收获到良好的结果。为了能够将网络技术的作用发挥出来，体育教师还需要及时对于教学理念进行调整。对此，高校体育教师以及相关工作人员一定要以一个开放的态度面对当下流行的新

理念以及新事物，以此来为现代体育教学手段在体育教师的实际应用提供便利。体育教师要严格要求自己，提升自己的专业素质，努力在实际教学中不断发现自我、完善自我，这点同时也是现代高校体育教师素养在新形势下必须具备一个素质。同时，这也是保证信息技术在体育教学中发挥出最大作用的关键所在。

在创新高校体育教学手段这一实际过程中，体育教师要想收获到良好的成果，应该在态度上给予重视，树立其科学的创新意识。体育教学手段能够有所突破，实现创新，将会对现代高校体育教学能否实现创新，突破传统落实理念的制约，建立起与时代相适应的现代化体育教学模式起决定性作用。要想实现体育教学手段的创新，关键在于引导一线体育教师以及体育教学的相关管理部门对于创新可以形成正确的思维和意识。体育教学手段要想实现现代化，离不开体育教师想要激发学生的创造欲望、满足学生的心理需要，以及随时根据现实对于体育教师进行调整的高度工作责任感。

（二）优化体育教学的硬件设施

高校应对体育学科的多媒体场馆以及实验室增加资金投入以及设施建设力度，保证体育教学已经配备足够的体育教学场地、设施、器材装备，可以很好地满足当下体育开展教学的实际需要，这同时也是创新以及发展体育教学手段，使其实现现代化的基础。

高校体育教学除了要对于硬件设施的数量以及质量加以保证之外，还应强调科学且有效地对于现代化教学设备加以应用，进而确保其可以更好为体育教学实践服务。在教授新技术动作之前，体育教师先组织学生利用多媒体技术先行观看以及分析该技术动作。例如，体育教师可利用多媒体技术的慢放功能，对于那些复杂动作进行慢放或者分解，以此来保证学生可以深入理解该动作的原理以及动作之间的上下承接关系。或者也可以利用多媒体技术记录学生练习技术动作的过程，以供教师对于学生掌握情况进行分析，并对于那些不足或者错误之处及时加以调整。多媒体技术可以涵盖形、声、色，这能够对于学生的感官直接诉诸影响，这比传统教学方法更能对其大脑皮层的神经系统产生刺激以及激发影响，可极大程度地激发其学生的学习积极性。

除此之外，尽管部分学校也为体育教学搭建起了多媒体实验室，但在测量或者理论教学中加以运用，反而很少在体育技术教学中加以运用，这促使体育教学实验室的功能性尚未被完全发挥出来。而倘若体育教师在向学生教授体育技术时可以对于体育教学实验室加以科学合理地利用，使体育教学手段得到优化，转而成为一种结合了体育多媒体、教学实验室和室外技术实践的术科教学模式，将会对课堂教学效果和质量的提升产生十分重要的作用，有助于学生对于复杂高难度的技术动作的快速理解以及掌握。

因此，高校体育教师在开展体育教学时，可事先组织学生对课堂内容所涉及的技术动作进行观看，让学生对于该技术动作有所理解。除此之外，体育教师还可借助实验室的器材设备，来让学生通过真实体会这一形式对于技术动作的特点进行更加深入的掌握。

体育教师要组织学生在实际结合运用音乐媒体的练习过程中，加深对学生练习时间以及节奏的把控，让学生可以正确掌握该技术动作，并对其所具有的时空感、节奏感有更深的理解，从而保障学习效果可以得到有效提升。

（三）开发科学体育的教学软件

在高校体育教学基础设施持续得到完善、优化，以及教育技术现代化得到快速发展这一背景下，当前各个学校一定要注意加大对于体育教学辅助软件的建设力度。各个学校在后续体育教学中应有意识地确保体育教学软件的开发力度可以得到进一步提升，使其得到迅速发展，可以更好地匹配于现有的硬件设施条件，从而可以将现代化教学手段的价值以及意义充分发挥出来。

具体来说，体育教师在开展体育教学的实际过程中，要基于汇集计算机、投影仪、录像播放三者于一体的多媒体技术，将那些难度相对较高的动作技术制成电脑动画，以便学生可以反复多次地、慢速地、多方位地、动静结合地来观看整个技术动作的演示，如果可以再配以一定文字对于该类动作的关键部位进行解释说明，学生势必会对所学动作的技术要领，以及动作结构有更加深刻以及清晰的理解以及认识，这可确保学生对于正确动作快速形成概念，可极大程度地提升教学效率。

那些功能强大、全面、实操性较强的教学软件可极大程度地激发起学生学习体育动作、体育理论的兴趣。这进一步说明教学软件的开发利用在高校体育教学中扮演有非常重要的价值。

例如，在开展篮球体能训练的实际过程中，倘若只仰仗于个人进行体能训练，或者利用多媒体幻灯片这一技术来向学校学生讲解进行大量的理论文字，这对学生而言无疑是枯燥的也是乏味的。反之，倘若体育教师在制作体能电子教案时采用动画或者视频等动态形式来对体能训练进行讲解，这种形式更加具有观赏性，可供学生反复进行观看，最后再辅之文字理论或讲解，这可以直接对学生的感官神经产生一定刺激，使学生在学习体育理论以及技术时带有强烈的好奇心与兴趣。具体来说，大力开发体育教学软件，除了有益于进一步优化体育教学内容、教学模式之外，还能进一步拓展以及丰富学生对所学内容的领悟路径。

此外，出于进一步丰富以及拓展资源的目的，各个学校还应该搭建起相关的网上教学资源库，以便学生可以借助校园网在教学资源库中获取到自己所需以及自己感兴趣的知识在线自行主动进行学习，这有利于为学生营造出一个更好适应高度互动、个性化的智能教学环境。在校园网、体育教学信息库得以建立并实现进一步改善，以及高科技产品与体育教学之间的结合更加紧密的背景下，不管是研制现代化体育教学软件还是创新与开发现代化体育教学软件和过去相比都更为容易了。由此可见，加快、加大开发体育教学软件的力度，对创新以及发展体育教学手段的现代化都具有极其重要的意义。

二、高校体育教学方法的创新

（一）教学方法的阶段创新

1. 准备活动的方法创新

准备环节是高校体育教学的重要环节之一。好的准备活动可确保学生不管是身体机能还是心理机能都可以快速进入准备状态，极大程度地降低了运动损伤的发生概率，使整个运动过程得以顺利进行。因此，体育教师在创新体育教学方法的具体过程中，应该以准备活动作为着手点，使准备方法根据创新性，让学生得以放松身体身心，为后续教学的顺利进行提供保障。

具体来说，准备活动通常可分成两种形式——专项准备和一般性准备。体育在专项准备活动中，体育教师可基于教学内容适当引入一些与之相关的内容。例如，体育教师可在开展投掷类运动之前，开展一个传球游戏，既可以让学生放松身心，激发起学生学习的热情；又可以让学生做好热身，可极大程度地避免运动损伤的发生，进而得以为后续教学的顺利进行做好铺垫。在一般性准备活动中，可通过游戏的形式激发起学生的参与热情，保证学生大脑的兴奋性得以提升。

2. 课堂教学的方法创新

体育教师将创新理念融入进行高校体育的实际教学中，一方面可使整个课堂氛围更加生动活泼，使原本十分枯燥且单一的训练充满乐趣；另一方面又可将学生的学习热情尽可能地极大出来，使学生不仅可以深入理解相关理论，还能尽快掌握相关的运动技能，进而最终促使整个教学可以取得十分理想性的成效。

3. 结尾阶段的方法创新

对于结尾阶段方法的创新同样不应忽视。体育教师如果在实际开展高校体育教学的过程中可以很好地对于结尾阶段的方法进行创新，为整个教学留下一个美好的结尾，会让学生产生一种乐不思蜀的感觉，这无疑不管是对于学生运动习惯的养成还是运动意识的形成都具有十分重要的作用。在体育教学中，结尾阶段在整体教学过程中所扮演的作用不容忽视，除了可使学生原本处于不平静状态的身心机能得以迅速恢复到，还能为学生后续的深入学习做好准备。对此，体育教师在进行创新时，一定要以学生此时所具有特点以及需求作为指导，大胆对于方法进行创新，以此来保证教学在结尾处可以得到升华。

具体来说，体育教师可以安排一些旋律、节奏都较为舒缓的音乐，再配合一些相对较为舒缓的动作，引导学生的机能状态可以逐渐趋于平静。除此之外，体育教师还可以尽可能对于结尾时的教学形式进行丰富，可引入瑜伽、太极以及健美操等运动项目的动作，以此来尽可能对于结尾处的内容进行，保证学生的学习兴趣得以激发，确保创新可以实现。

4. 游戏形式的方法创新

游戏法是高校体育教师创新体育教学方法的重要形式之一。这种方法相对其他类型的教学方法，更具娱乐性，可保证学生的热情得到提升，是当下较为理想的教学方法之一。因此，体育教师也应在创新教育理念的指引下对于游戏方式适当进行革新，以此来引导学生在游戏中逐渐健全自身的人格、提升自己的智力、发现自己的潜能，进而将体育这一学科所具有价值极大限度地发挥出来。

（二）教学方法的组合创新

组合创新教学方法，顺应了现代体育教学方法优化组合的发展趋势。所谓组合创新，主要是指体育教师基于合作学习法来进一步对于教学方法进行完善以及创新。教学方法的组合这一措施实质上是一种对于原有教学方法的创新以及完善。体育教学方法要想能保障教学活动的顺利进行就要基于实际情况对其不断进行创新，以此来确保新的体育教学方法不断涌现，体育教学最终得以收获到良好的效果。

第三章　现代高校体育教学
与训练模式的应用创新

第一节　高校体育混合式教学与训练模式应用创新

一、混合式教学的本质与特征

对于混合式教学的理解可以从以下方面入手：

第一，混合式教学强调教学技术的应用。教学是一个信息与知识传递的过程，传递的效果如何，与教师采取的教学技术密切相关，恰当的技术能够极大地优化教学效果，反之，则对教学起到负面影响，学生的学习质量也不高。所以，教学必须依托恰当的技术。

第二，线上学习与线下学习结合仅仅是混合式教学的表现形式，其内在本质应当渗透在多个维度，如在线学习环境与课堂学习环境的融合、在线教学活动与课堂教学活动的融合、在线教学资源与课堂教学资源的融合，等等。

第三，混合式教学实施的目的依然是更好地达成教学目标，只不过在教学过程中强调教与学所有要素的优化组合，这样才能取得最佳效果。

第四，混合式教学是在信息技术飞速发展的时代背景下产生的，因此，它的践行离不开网络化的教学环境，这是实现人机互动的基础。同时，各种各样的教学理念、方法、原则都可以在混合式教学中得到应用，学生可以自主地选择适合自己的学习方式，达成学习目标。

综上所述，在线学习与传统课堂学习的整合是混合式教学的主要特点，各种教学理论、方法、资源、媒介等的融合是混合式教学的核心内容，在此基础上，学生充分发挥主体作用，教师则扮演辅助角色，在良好的环境中开展自主学习、协作学习、个性化学习，以实现教学的最终目的。

（一）混合式教学的本质

1. 混合式教学是相互关联的动态系统

教学过程中的各要素本身就息息相关，在混合式教学中更是如此，甚至各要素的关系更为密切，它们相互关联、互为影响，共同构成了教学的耦合系统。教师与学生作为教学活动的双方，二者都存在自我组织教与学的意识，只不过在能力上表现得有强有弱。有序化的教学过程离不开师生双方的共同努力，师生有着共同的目标，也站在各自的立场接受着相同的信息，由此，学习过程中产生的问题与障碍便具有了一致性，有序化便得以实现。

2. 混合式教学重在激发学习兴趣

兴趣是最好的教师，也是学生学习最大的动力，混合式教学就非常注重对学生学习兴趣的激发。不论是在教学 PPT 的制作中，还是教学活动的安排中，或者课后作业的布置中，混合式教学都强调融入趣味性元素，将学生的学习兴趣挖掘与调动出来，这样学生才能主动学习。

3. 混合式教学是线上与线下教学的融合

单纯强调在线教学、网络教学的教学方式不能被称为混合式教学，因为混合式教学是在线教学的延伸与传统课堂教学的扩展，更是二者的有机结合体。在线教学与传统课堂教学都存在不可忽视的缺点，即前者容易导致师生互动交流的缺失，学生在遇到问题时无法及时向教师反馈并寻求帮助，教师也无法立刻知晓自己的教学效果；后者则以教师讲授为主，弱化了学生学习的主体地位，阻碍了学生自主学习、合作学习、探究学习的步伐。另外，在线学习十分考验学生的自控能力与信息处理能力，如果学生沉迷于在线环境，在应当学习的时间玩游戏或者开展其他活动，则会使学习效果大打折扣；倘若学生不具备相应的信息处理能力，也无法完全按照教师的步骤开展学习。至于传统课堂教学，其教学资源过于单一，学生的学习需求得不到满足，掌握的知识也不够全面。可以看出，在线教学与传统课堂教学均存在不足，哪一种教学方式单独使用都无法实现最佳的教学效果，只有将二者结合起来，相互弥补缺点、发挥优点，才是最好的。

混合式教学之所以在教学实践中取得成功，就是因为其将在线教学与传统课堂教学相结合，充分发挥这两种教学方式的优势，这为教师提供了新的教学途径。概而观之，混合式教学模式对学习者更为关注，其在肯定教师作用的同时，鼓励学生自主探究学习，让学生主动完成意义的建构，形成更为健全的知识体系。

（二）混合式教学的特征

1. 个性化学习

教学内容虽然具有一定的固定性，但是学生在掌握这些内容时的侧重点却存在差异，这是因为每个学生的学习需求是不同的，他们会采取不同的学习方式、学习方法朝着不同的方向前进。混合式教学以学生为中心，根据学生的需求为他们制订个性化的学习方案。在差异化的教学辅导下，学生收获的学习成果要比传统课堂教学丰硕得多。当学生某个阶段的学习目标达成之后，也将更有动力开展下一阶段的学习。

为学生制订个性化的学习方案并不意味着教师要事无巨细地照顾每个学生，教师只需要根据学生在网络教学平台上提交的个人学习的薄弱环节，就可以为他们制订出有效的学习方案。对于学生已经掌握得很好的知识点，一带即过；对于学生感到疑问与困惑的知识点，则进行深度讲解。如此一来，学生虽然没有得到教师一对一的辅导，但是却收获了相同的学习体验，获得了相同的学习效果。

2. 监督化学习

混合式教学主张对学生的学习进行监督，目的是更好地掌握学生的学习情况，从而为其提供针对性的教学辅助。所谓新型的监督化学习，主要是依托学生在线学习反馈的数据，对这些数据加以分析，学生的学习情况就完整地呈现在教师面前。

另外，教师也可以通过多种方式主动了解学生的学习情况，如批改学生的作业、查看学生的学习反馈、统计学生在线平台的相关讨论等。教师之所以要及时关注学生的学习进展，是因为假如学生尚未掌握现阶段的知识，就进入下一阶段知识的学习中，必然会导致两个阶段学习效果均不佳的后果，所以，教师必须确保学生已经掌握了现阶段的知识，才能依照计划开展接下来的教学。

除了以上获取学生学习情况的方式之外，学习跟踪系统与学生自我评价系统对于教师来说也是十分可行的选择。教师可以通过学习跟踪系统对学生的学习情况进行统计，如根据学生对教学材料访问的次数推断学生对这部分教学内容的掌握程度，根据查看教学材料的具体用户了解不同学生的学习进度，等等。自我评价系统不仅是针对学生开发的，让学生对自己的学习情况进行评价，而后上传至系统平台，更对教师掌握学生的学习情况大有裨益，教师可以依据学生对自我学习成果的总结与反思，知晓学生学习目标的达成情况，从而对自己的教学行为加以调整。从这个角度来说，自我评价系统既让学生对自己的学习表现进行了客观评价，也反映出了教师的教学成效，实现了对教师的监督。

3.“全方位”混合式学习

（1）教学方式混合。对于混合式教学而言，线上与线下即在线网络教学与传统课堂教学的结合是最表层的含义，这也意味着，只要是混合式教学，就都符合线上与线下混合这一特点。在以往的教学实践中，以互联网、多媒体等为媒介的线上教学与传统的课堂教学存在一道鸿沟，大多数教师仅仅以课堂讲授作为教学的重心，混合式教学则打破了线上与线下教学的界限，使两种看似迥然不同的教学方式融为一体。其实，不论线上教学还是线下教学，其目标都是高效完成教学活动，让教学成为有效、有意义的事。混合式教学在教学实践中的应用绝不能流于形式，要真正地把教学各要素有机联系起来，如师生、家长、教学资源等，引导学生同时开展线上学习与线下学习，充分发挥互联网、多媒体等对传统课堂教学的促进作用，让学生在良好的氛围中习得知识、掌握技能。

（2）教学理论混合。由于教学活动的复杂性，教育界并不存在所谓的通用教学理论，即一种在任何情况下都能促进教学实践发展的理论，因此，教师应当根据教学的实际情况采用多种不同的教学理论。目前，公认的对教学效果具有积极作用的教学理论包括行为主义教学理论、认知主义教学理论、建构主义教学理论等。在知识的传播与转换方面，行为主义与认知主义教学理论的优势最为明显，其能够极大地促进学生对知识的学习、内化与吸收；在均衡教师的教与学生的学方面，建构主义教学理论则表现得更好，其能够指导教师建构起有利于学习发生的教学环境，从而推动整体教学目标的实现。不同的教学理论具有不同的特点，它们所表现出的对教学的促进作用也各不相同，这就要求教师在分析教学内容、教学目标、学生学习情况等的基础上，灵活应用各种教学理论，这也是混合式教学所倡导的教学理论的混合，唯有如此，才能最大化地发挥各教学理论的作用。

（3）教学资源混合。首先，教学资源内容的混合。随着社会的发展，单一的技能型人才已经无法满足用人单位的需求，因而，综合性人才培养成为高校的重要任务。学生在学习的过程中，不能仅仅接受某一门学科知识，而是要广泛吸收多学科的内容，在混合式教学资源内容的推动下，形成系统条理且发散的知识体系，从而形成更强的社会竞争力。

其次，教学资源呈现方式的混合。教学资源是学生知识与技能学习的主要来源，在传统的课堂教学中，教学资源通常借助书本这一载体以文字的形式呈现出来，固然，这种方式有利于学生系统地把握知识，但也存在明显的缺点：一是文字这种形式过于单一且枯燥，学生学习的积极性很难被调动起来，收获的学习成果也十分有限；二是书本中的知识以静态的方式呈现在学生面前，知识的流通性不强，各个相关知识点也很难联通起来，阻碍了学生对知识的深度认知。基于混合式教学，越来越多的依托互联网与多媒体的资源呈现方式衍生出来，学生完全可以在学习课本的基础上，借助新型的资源呈现方式加深对知识的理解。知识本身就是无处不在的，课本中、黑板上、网络里都能学习到知识，只有将传统的与新型的教学资源呈现方式混合起来，同时发挥二者的作用，才有利于学生对多种教学资源的综合利用。

最后，教学资源整体的优化与整合。在线学习资源与传统的课本中的学习资源融合，学生获得了庞大的学习资源库，其多种多样的学习需求基本都能得到满足。但与此同时，庞大的学习资源库中也产生了许多低质的内容，如同一知识点的重复讲解、同类知识点的分散讲解等，这样的资源并不利于学生的高效学习，也造成了不小的资源浪费。所以，教学资源必须在混合的基础上实现优化与整合。

二、基于微信的高校体育混合式教学与训练

（一）基于微信的高校体育混合式教学特点

1. 线下教学为主，线上教学为辅

在当前的高校体育教学中，学生在课上聆听教师对体育知识与技能的讲解，而在课下巩固时，大多只能依靠脑海中的记忆或者身体感受进行，能够用来参考的复习资料少之又少，这极大地限制了学生对体育知识的深入理解，也约束了学生对体育技能的全方位把握。

在基于微信的体育混合式教学中，学生可以借助在线教学平台查阅自己所需的学习材料，对于已经掌握的知识大致浏览，而那些难度较大的知识则进行多次阅读并加以演练，这不但提升了学生课下巩固的效果，还使得其个性化学习需求得到满足。但是，体育毕竟是一门以实践课程为主的学科，学生切切实实地开展身体运动才是根本，线上教学只能作为线下教学的辅助手段存在，而绝不能将其替代。

2. 线上线下教学内容应高度相关

线上与线下作为两种不同的教学手段，其目的是一致的，即促进体育教学的有效开展，在应用两种教学手段的过程中，线下教学始终处于主导地位，因此，无论线上教学的资源内容如何丰富、资源呈现形式如何精彩，在教学内容上，都应当与线下教学保持高度相关。体育教师可以在线上教学平台发布课前预习内容，也可以将课堂讲授中没有阐释清楚的知识点制作成教学视频上传至线上教学平台，帮助学生课后巩固与复习。

3. 线上线下教学优势互补

线上教学与线下教学各有利弊，基于微信的体育混合式教学要做的就是将二者的优势充分发挥出来，缺点则尽可能规避。线下教学不仅具有超高的即时互动性、沟通性，而且学生的不良学习行为也能够得到约束，这种环境下教师对学生的辅导更加及时，对自身教学行为的调整也更恰当。相应地，线下教学的缺点也非常突出——受到严格的时空限制，学生的学习只能在课堂中完成，接收到的学习信息也非常有限。

线上教学则突破了学习的时空局限性，学生在图书馆、自习室、宿舍乃至家中都可以开展体育学习，并且能够接收到大量的学习信息，但由于学习环境的改变，学生的学习过程无法得到有效监督，集体学习的氛围也无法感受到，这也会在一定程度上影响学习成效。所以，基于微信的体育混合式教学要把线上线下教学的优势结合起来，从而切实提高体育教学的质量。

（二）基于微信的高校体育混合式教学要点

1. 线上教学平台设计应简单易用

借助微信开展体育教学要注意教学平台设计的简单化与易用性。微信作为大学生必备的即时通信工具，本身就具有普及率高、易于操作等特点，体育教师只需将微信原有的功能稍加研究，就能开发出线上教学平台。例如，体育教师可以申请一个微信公众号，将教学材料放置于此让学生浏览与阅读；还可以建立微信班级群，在群内发布与体育教学有关的通知或者与学生就体育学习的问题展开讨论等。

2. 线上教学内容应仔细甄选

线上教学内容作为线下教学的补充，体育教师应当仔细甄选。在线下体育教学中，大多数学生都存在教学内容过于单一且十分枯燥的感觉，尤其是体育理论课的教学，为此，体育教师可以将一些体育竞赛、全民健身政策或者正能量的体育故事融入线上教学中，让学生在兴趣的推动下进行课前预习，并以极高的积极性投入课中学习与课后复习之中。

3. 线上教学应有组织性、纪律性

大学生对手机的依赖程度不断提高，在基于微信的体育混合式教学中，为了防止学生沉迷于网络，教师要引导学生形成自律的意识，并在此基础上，确立明确的课堂纪律，让学生在有组织、有纪律的环境中开展线上学习。

4. 线上教学交互通道畅通无阻

在传统体育教学中，师生之间的交互通道较为单一，在线上教学的辅助下，师生之间的交互打破了时空限制，一名教师面对多名学生、一名教师面对一名学生、多名教师面对多名学生的情况均成为可能，这样的教学环境拉近了师生间的距离，改善了师生间的关系。在实际教学中，体育教师要努力维护各种交互通道，如学生线上留言、学生参与线上教学平台建设等，从而优化线上教学的效果。

之所以采用基于微信的体育混合式教学模式，是因为微信在大学生群体中的普及程度非常高，几乎每个大学生每天都多次使用微信，借助这个大学生十分喜爱的通信软件开展体育教学，教学的效果无疑能够得到提高。

在实施这一教学模式时，体育教师首先应当明确线上教学与线下教学的主次关系，在这个前提之下，选择与线下教学内容相关度高的线上教学内容，充分发挥二者的优势，促使学生在有组织、有纪律的环境下，学习体育知识与技能。

在微信的辅助下，体育教学的实施有了更多可能，体育教师不再是教学的主导者，学生以学习主体的身份投入体育学习之中，在自主学习意识的支配下，体育学习的成效有所提升，教师也有了更多时间与精力为学生准备拓展性的教学素材。

三、基于 QQ 群的高校体育混合式教学与训练

（一）QQ 群的交流方式

除了微信以外，QQ 也是大学生应用频率非常高的一款交流软件。所谓 QQ

群，即由多人构成的 QQ 交流群体，这些人或有共同的兴趣爱好，或有相似的需求。文字形式的沟通与交流仅仅是 QQ 群最基础的功能，共享文件、图片、视频等是其更为丰富的交流手段。

QQ 群在人们日常的学习、工作、生活中都经常用到。不同的 QQ 群有着大小各异的规模，若创建群聊的人 QQ 等级较高，便可以创建基数较大的群，反之，创建出的 QQ 群人数将受到较大限制。通过 QQ 群交流，聊天过程中产生的文字、图片、文件等信息均能保留一定时间，而群相册、群共享中记录的信息则可以根据设置保留更长的时间，对于这部分信息，群内任意成员都可以浏览。

目前，常用的 QQ 群主要包括如下交流方式。

1. 群聊模式

聊天是 QQ 最基本的功能，同样，在 QQ 群中，不同成员间的沟通与交流也是最基本的，他们可以就相同的话题展开讨论，也可以针对某件时事发表各自不同的看法。就这个角度而言，QQ 群就是一个多人聊天的场所，为了规范群聊秩序，每个 QQ 群都有相应的管理员，他们负责管理群聊的相关事务。

另外，在加入 QQ 群时必须先申请，只有得到群主、群管理员的同意后才能进入该群。当然，作为群成员，也有自由退出群聊的权利。

2. 语音交流模式

基于 QQ 群的语音交流在实质上与普通的电话功能类似，都是借助通信设备的话筒与交际对象进行语言沟通。但是，QQ 群语音交流的手段更加丰富，这主要是源自 QQ 为其提供的各种交互工具与材料，如此一来，不同用户间的距离感被大大削弱，他们之间的交流更加亲切。

3. 视频交流模式

视频交流模式是一种既能听见对方声音也能看到对方形象的模式，这使得 QQ 群成员之间的交流更具真实感，实现了他们面对面交流的愿望。

4. 远程协助

在广大的 QQ 群用户中，存在一部分对计算机操作并不娴熟的人，他们经常会遇到各种各样的问题，这时，远程协助功能就派上了用场。基于远程协助，

QQ用户可以控制身处异地的好友的计算机，二者共享同一桌面，许多一方解决不了的问题，在另一方的远程帮助下得到了处理。

总而言之，QQ群以其强大的便利性受到了广大用户的青睐，尽管其在诞生之初具有很大的娱乐性，但是随着其功能的完善，QQ用户的数量激增，QQ群的利用率也越来越高，将QQ群应用到教学领域也成为常态。

（二）基于QQ群的高校体育混合式教学模式构成

教育者在深入研究教学理论、深刻认知教学思想的基础上构建出了相应的教学模式，通过各种不同的教学活动，教学模式得以践行。混合式教学模式的流程为：设计依据→目标设计→实施过程→反馈完善。

1. 基于QQ群的高校体育混合式教学模式的设计依据

随着高校体育教学改革的深入推进，健康第一、健身育人、以学生发展为本成为体育教学的主要指导思想，在此基础上，灵活运用多种教学模式，从而提高体育教学的质量，使体育教学获得更为丰硕的成果。学生作为体育教学中的主体，教师开展的一切教学活动都应当围绕着学生，在基于QQ群的体育课混合式教学模式设计中，也应当充分考虑学习者的特征，这样不仅能对学生学习的初始能力有大致的了解，还能对不同学生的特点有全面的把握。

2. 基于QQ群的高校体育混合式教学模式的教学目标设计

不同教学模式在教学中实施的目的都是相同的，即达成教学目标，混合式教学模式同样如此，要想取得良好的教学效果，首先需要设计出合理的教学目标，而后，教学活动便围绕着这一目标开展。体育课程改革为当前的体育教学制定了更加科学合理的目标，并通过三个维度表现出来——知识与技能目标、过程与方法目标、情感态度与价值观目标，由此也可以看出，体育已经不再是单纯教授学生体育知识、锻炼学生体育技能的学科了，而是从学生的全面发展出发，培养学生的体育综合素质。根据这三个目标维度，学生应当做什么、在什么环境下做、做完之后要达到什么要求都是体育教师在教学目标设计中应当明确的。

3. 基于 QQ 群的高校体育混合式教学模式的实现条件

（1）网络工具的支持及物理环境。混合式教学模式的实施离不开必要的上网工具，因为无论是微信还是 QQ 都需要网络设备的支持，现如今的大学生，人人都有智能手机，还有很多同学有平板电脑、笔记本电脑等移动上网设备，所以基于 QQ 群的体育课混合式教学模式具有坚实的网络工具支持。相应的网络环境更是不成问题，大学生几乎都配备了流量十分充足的套餐，他们随时可以畅游在 4G 甚至 5G 的网络环境中。有些高校为了方便学生开展网络学习，还专门设置了校园无线网，只要在校园内，学生便可以尽情地使用。

（2）场地器材分析。21 世纪以来，高等教育的发展始终受到教育部门的关注，体育教学更是处于不断的改革优化之中。现在，绝大多数的高等院校体育场地器材都非常完备，即便是某些硬件条件不好的高校，也都拥有标准的 400 米塑胶田径场，各种球类器械、刀枪棍棒等也都配备。在这样的硬件环境中，体育教师需要注意的是，专门项目的体育器材并非只能在对应项目的教学中使用，如球类器械也可以在其他体能课上应用，从而锻炼学生的肢体协调能力。

4. 基于 QQ 群的高校体育混合式教学模式的实施过程

（1）课前实施。每节课的教学内容都可以通过相关的教学平台查阅，为了减小学生课前自主预习的难度，教师可以搜索与本节课教学内容相关的技术动作视频，根据学生的实际接受情况稍加调整，而后上传至 QQ 学习群内，并把预习任务告知学习小组的组长，让小组成员带着任务开展学习。若学生在观看教学视频的过程中产生疑问，可以通过群聊及时向教师求助，教师将一般性的问题加以解答，那些难度太大的问题则留到课堂上集中阐释。

（2）课中实施。体育委员发挥带头作用，组织全班同学进行热身训练，与此同时，各小组长帮助教师把上课所需的器械道具放到相应位置。全班同学热身结束后，体育教师就本节课需要学习的内容向学生简单提问，考察他们课前自主学习的成果，而后，教师详细讲解教学内容，并亲身示范。在此基础上，全班同学以划分好的小组为单位，在小组长的带领下开展动作训练。体育教师进行巡回指导，对动作错误的学生加以纠正。练习结束后，各小组进行比赛，对获得胜利的小组予以奖励，失败的小组则接受适量的体能加练惩罚。

（3）课后实施。体育课程结束后，教师要为学生布置相应的作业，以巩固学习成果，具体包括体能作业、技能作业与上课总结。在完成作业的过程中，出现任何问题都可以通过 QQ 群与同学探讨或者直接向体育教师请教。

第二节　高校体育多媒体教学与训练模式应用创新

一、多媒体与多媒体技术

（一）多媒体

多媒体的定义可以从两方面来理解：首先，多媒体是多种媒体数据的融合；其次，多媒体是多种技术、多项业务的融合。多媒体的功能是非常全面的，如果一台计算机不能处理包括伴音在内的电视图像，那么它就不能算作多媒体计算机。

从传统意义上来讲，声音的处理属于通信技术领域，电视图像的处理属于电视技术领域，而多媒体计算机实际上就是将计算机的应用同时扩展到了通信与电视技术这两个领域。这样一来，计算机就可以传送包括伴音在内的电视信号，这种通信手段对数据量的传送限度是最大的，那么其他小数据量的业务就更不在话下了，电话、传真、远程教育等都能借助多媒体计算机轻松完成。

多媒体技术集合了多个领域的技术，其组成可以分为两个方面：一是偏硬件技术类；二是偏软件技术类。侧重硬件技术的多媒体主要是借助计算机将投影屏幕、录像机、语音及音响合成器等电子媒体集合成一个整体，这些电子媒体之间可以相互作用，相互连接。侧重软件技术的多媒体主要是借助计算机，充分发挥数字化技术的功能，将文本、图形、图像和声音合为一体，同时对结果进行全面的、实时的展现，注重实现人机对话。

具体来看，多媒体硬件系统的组成要素主要有四种：一是 CD-ROM 驱动器，它是多媒体计算机的主要标志；二是 A/D 和 D/A 转换功能，只有具备这一功能才能使语音信号与数字信号实现相互转换；三是高清晰的彩色显示器，显示器主要用于展示图像、文字、动画以及影视节目等；四是数据压缩与解压缩的硬件支持，如果不具备这一要素，多媒体计算机就无法处理图像、声音等大数据量信息。

（二）多媒体技术

多媒体技术，也称为多媒体计算机技术，它是一种新型的、具有交互性质的计算机技术，主要用于处理各种复杂的媒体信息，包括文字信息、声音信息、图形信息、图像信息以及视频信息等，该技术可以使各种媒体信息相互联系、相互融合。

1. 多媒体技术的特点

（1）多维性。多媒体技术具有多维性，它能够扩展信息处理的范围与空间。这种多维性还体现在对输入信息的加工、创作方面，同时它还可以增强输出信息的表现能力与表现效果。比如，在多媒体体育教学中，学生除了学习文本知识内容、观察静态图片图像之外，还可以借助多媒体技术观看正确的动作示范，这有助于学生从多个角度了解、把握动作。

（2）集成性。多媒体技术具有集成性，它可以将各种文字、声音、图像等媒体信息集合起来，对其进行有机组合，进而得到完整的、全面的多媒体信息。多媒体技术的集成还包括媒体设备、媒体工具的集成，比如计算机系统与音响、视频设备的集成。总而言之，多媒体技术就是把各种媒体信息、媒体设备有机结合起来，最终实现声音、文字、图像、视频的一体化处理。

（3）交互性。多媒体技术具有交互性，具体来说，就是人与人之间的交互、人与机器的交互以及机器与机器的交互，也可以理解为人机对话功能，多媒体技术可以与使用者进行沟通。交互性是多媒体计算机与传统电视、音响设备之间的区别所在。面对传统的电视机，人们只能被动地接收其输出的信息，观看其设定好的节目，而面对多媒体系统，人们则可以按照自己的喜好与需求，自主选择、搜索、观看甚至参与节目的播放与设计。

除了上述特征之外，多媒体技术还有一些其他特点，比如实时性特征、分布性特征、综合性特征等。多媒体技术的实时性是指，在处理一些与时间相关的信息时，处理过程中的人机交互操作、显示、检索等操作都要实时完成。多媒体技术的分布性是指，多媒体的数据、素材分布在不同的时间、空间中，其应用也分布在不同领域，这就要求多媒体产品的研发要引入各个专业领域的人才。多媒体技术的综合性是指，要将各种媒体信息、媒体设备整合成一个整体，进而发挥整体的作用，产生综合的效应。

2. 多媒体技术发展趋势

（1）多媒体技术的多元化。多元化并非仅仅意味着应用领域呈现多种方向的发展，更是技术水平的整体发展及提升，实现了从单机系统向以网络为中心的多媒体应用过渡，有效的应对了传统技术条件下存在的各种问题。随着多媒体整体技术水平的不断提升，有效满足了用户的多元化需求，在未来，多媒体技术也会朝着有效方向发展。

（2）多媒体技术的网络化。计算机网络技术涉及的信息量较多，将多媒体技术与计算机网络技术实现有效管理会构建出更全面完善的信息网络平台，能够便于大众开展工作生活交流。从客观角度而言，计算机多媒体技术网络化发展的前提是通信技术的发展，正是基于二者的融合发展，促进了多媒体技术在各个领域的有效应用。通过使用具有交互性、动态发展的多媒体技术能够打造出立体形象的三维场景，实现办公娱乐的有效结合，也能够随时随地开展高质量的视频会议。随着计算机无线网络的进一步发展，个人区域网络，无线宽带局域网等都会促进多媒体软件的开发，进一步打造网络时代新的发展浪潮。

（3）多媒体终端的部件化、智能化和嵌入化。现阶段，多媒体技术应用最广泛的领域是智能家电领域。在多媒体计算机硬件及软件持续升级的前提下，其整体的性能有了明显提高，多媒体终端设备智能化水平显著提升，例如文字/语言的识别和输入、机器人视觉和计算机视觉等智能。"信息家电平台"这一概念，使多媒体终端能够集合家庭购物、办公、医疗、教学等各种领域的应用，这也是下一步多媒体终端的发展走向。

二、高校体育教学与训练中多媒体技术应用的可行性

"互联网技术的出现和发展对体育教学带来了深刻的变化，在体育教学中通过借助互联网技术能够有效地提高教学的效率和质量。互联网的教学手段能够及时地跟随时代的发展需要，特别是能够拉近和学生之间的距离[①]"，因此，加强在体育教学中互联网应用是可行的。

（一）多媒体技术可以动态呈现教学动作

与其他学科的教学相比，体育教学有其自身的特殊性，它需要大量的动作技术教学，而这些动作技术很难只通过文字、图片、语言去教授，因为这些教学形式都是静态的，只能刺激学生的单一感官。而多媒体技术在体育教学中的应用，则可以刺激学生的多种感官，使体育教学更加生动形象，促进学生对体育知识的内化理解，从而提升体育教学效果。

比如，教师在讲解某个运动动作或者运动技能时，就可以借助多媒体技术，充分发挥其视听功能，把一个动作的完成过程以及发力点全都直观地呈现在学生面前，这样教师就可以更加清晰地讲解动作技能，分析其要点，引导学生着重观看动作的关键部分，让学生在重难点的学习中更加轻松。这种体育教学方式打破了以往的枯燥课堂，极大地提升了体育教学的效率，为学生节省了动作练习的时间，清晰的讲解与充足的练习可以有效帮助学生熟练掌握动作技能。

（二）体育教学内容适合开展多媒体教学

高校体育教学的内容主要由理论课与实践课构成。体育理论课主要学习体育概论、运动生理、运动技术以及运动心理等方面的知识内容；体育实践课主要学习具体的运动项目，比如田径运动、球类运动、武术运动等。由此可见，

---

① 冯涛，刘森，崔海鹰.互联网在高校体育教学中应用的可行性分析［J］.文体用品与科技，2014（14）：104.

体育教学的内容本身就非常丰富，而多媒体教学技术则为这些教学内容提供了更加充足的教学资源支持，包括相关的图片资源、文字资源以及视频资源等。

（三）体育理论的动态性可以通过多媒体形式展示

所有学科的学习都需要理论与实践的结合，体育教学也不例外。不过，与其他学科教学不同的是，体育教学的理论还具有一定的动态性，因此它与实践教学的关系就更加紧密了。在进行体育理论教学时，如果体育教师没有找到合适的语言去描述某个动作，那就可以直接用具体的动作进行讲解说明。以往教师只能亲身示范，但多媒体技术的出现可以辅助教师完成这一教学任务，教师可以利用计算机动态模拟动作，以此说明某一动作的理论性质。这种体育教学模式能够给予学生更强烈的感官刺激，加深学生的知识印象。

（四）大量体育信息为多媒体教学提供了充足资料

现如今，人们在满足了衣食住行的需求之后，越来越重视身体健康，因此也开始关注体育运动。身处信息时代，人们可以通过电视节目、网络途径获得大量的体育信息，这些信息也可以成为多媒体体育教学的素材。可以说，多媒体技术为现代体育教学提供了充足的资源保障与有力的技术支持。与此同时，个人制作开发多媒体教学课件也成为可能。

三、高校体育教学与训练中多媒体技术的辅助作用

（一）多媒体技术辅助体育理论课教学

1. 多媒体技术辅助体育理论教学的可行性

教学活动是围绕教学内容展开的，既要有教师的"教"，也要有学生的"学"，需要教师与学生协作完成。体育理论教学就是教师通过合理的教学方式，向学生教授相关的体育知识，提升学生的体育能力，同时引导学生形成良好的品德。可以说，体育理论教学是一个有目的、有计划的教学过程，在这个过程

中，教与学占据同等重要的地位。

传统教学中教师的辅助工具只有教材、黑板、粉笔等，随着信息技术的飞速发展，这些教学工具早已无法满足现代教育的需求。多媒体技术在体育理论教学中的应用，顺应了时代的发展要求，它能够从体育教学的内容与特点出发，增强体育教学的效果，在传统体育教学的基础上融入新鲜的技术，有效地促进"教"与"学"的协作发展。各种现代科学技术融入体育教学领域，为体育理论教学改革提供了技术支持，比如高校多媒体教室的开设与推广就是最突出的表现。

2. 多媒体技术辅助体育理论教学的优点

（1）多媒体能系统地指导学生进行学习。在体育理论教学中运用多媒体技术，可以辅助教师更加顺利地开展教学工作，系统化地安排教学内容，科学地设置教学程序，同时还能够丰富教学内容，使教学重点更加突出、明晰，方便学生记忆学习。多媒体技术融入体育理论教学可以吸引学生的注意力，使理论教学变得生动有趣，不再枯燥乏味，从而激发学生的学习积极性。

（2）提高学生的学习兴趣和学习效率。对外界的好奇、对信息的敏感是学生开展学习活动的源头与重要因素。体育理论教学中包含大量的感觉信息，其中最为突出的就是视听信息。在传统教学中这些信息很难被呈现出来，而多媒体技术的出现则改善了这一问题，它可以将这些感觉信息直观地、生动地呈现在学生面前，吸引学生的目光，并且它所呈现的信息更加完整、细致。多媒体技术可以把重要的体育理论通过图文、音频、视频、动画等形式展现出来，加深学生的印象，这种教学形式有助于营造良好的教学氛围，增强学生的学习兴趣，进而提升其学习效率。

（3）更新教学观念，提高教师自身素质。现代社会追求复合型、创新型的人才，这就要求教育必须开启改革之路，注重教学方式的多样化与实效性，努力探索有益于学生开展体育理论学习的教学模式，让学生更加快乐、主动地学习体育理论知识。将多媒体技术引入教学领域本身就是一种教学观念的更新，除了激发学生的学习欲望与学习潜能之外，它还有助于锻炼教师熟练操作各种技术设备的能力，提升教师的信息技术水平，从整体上提升教师的自身素质，进而对教学效果产生直接的、积极的影响。

（4）学生可用其进行自我学习及自我评价。借助多媒体开展体育理论教学，教师只需在课前制作好课件，然后在课上使用，并且这份课件是可以反复使用的，学生如果在课上没有听懂，那么他还可以在课下根据教学课件开展自主学习，还可以在相应的题库中进行测试，完成自我评价。

由此可见，多媒体技术融入体育理论课教学，能够充分刺激学生的多个感官，使学生在短时间内接收大量的知识信息。体育教学的多媒体化有助于完善教学内容，丰富教学资源，使教学方式更加多样化，让学生更加清晰、方便地获取相关信息，并且能深化记忆。因此，多媒体技术辅助体育理论教学也是对传统体育教学的极大突破。

（二）多媒体技术辅助体育实践课教学

由于体育教学具有自身的特殊性，因此其大部分课程内容都是实践课，在体育实践课中，教师与学生都要参与到体育活动中，而这些活动往往都要在室外进行。因此，多媒体技术在体育实践课教学中的应用是个非常重要的课题。

1. 传统体育实践课教学中的不利因素

（1）教师的专业特长在教学上有一定的局限性。在体育实践课上，学生学习的内容主要是一些运动动作和运动技能，通常他们会通过听与看的方式来学习这些技能，这就需要教师进行亲身示范。但是实际的教学情况是，并不是每个体育教师都具备较高水平的示范能力，他们也几乎不可能擅长所有的体育项目。如果遇到体育教师比较薄弱的运动项目，那么教师的示范就很有可能不够规范，或不够准确。就算体育教师熟悉某项运动，那他也有可能在示范过程中出现失误的情况。因此，教师在安排教学内容时可能会不自觉地有所倾斜，尽量多地安排自己擅长的运动，避免自己不擅长的运动，这就难以促进学生的全面发展。

（2）一些高难度的技术动作教师难以示范。一些体育项目中包含大量的高难度动作，比如翻转、腾空等，并不是所有体育教师都能准确、标准地为学生示范这些动作技能。而面对这些高难度动作，如果没有标准的示范，学生的学习就是难上加难，他们无法快速地、完整地了解这个动作，也很难学会。如果教师只是一味地讲解，就无法达到应有的教学效果，更会严重阻碍整个体育教学进程。

2. 多媒体技术辅助体育实践课教学的优势

（1）灵活运用，激发兴趣。在体育实践课教学中，教师可以借助多媒体的声、光、色、形激发学生的好奇心与学习欲望，培养学生的体育学习兴趣。比如在篮球运动初期教学中，有的学生由于不了解这项运动，因此在教师讲解示范之后，一时间还是不能了解相关的规则、技能以及战术配合等，这会严重影响教学效率与教学效果。有了多媒体技术，教师就可以借助模拟篮球比赛的游戏软件，让学生在课前通过游戏了解相关的规则、战术等，这样在教师进行篮球动作示范时，学生更容易把握和理解。

（2）化难为易，化动为静，突出技术动作的重点和难点。体育实践课教学的内容包含许多高难度的、复杂的动作技术，甚至有一些动作技术是在一瞬间完成的。比如，田径运动中的空中跳跃动作，体操运动中的连续跳跃动作、滚翻动作、单杠回环动作等，这些动作的完成速度非常快，这给体育教师的示范教学带来了极大的困难。一方面，教师的自身条件存在差异，有的教师可能本身就不擅长某一动作，并且教师的示范教学还会受到年龄、现场状况、心理状态、示范条件等各方面的影响，这些因素都有可能导致体育教师无法准确地完成动作示范；另一方面，学生的观察视角与观察时机也非常有限，这些高难度的动作都是在瞬间完成的，即使教师示范出来了，学生也有可能没有捕捉到，看不清楚完整的动作过程，也就无法在自己的脑海中建立对应的表象，更别说用自己的身体来完成这些动作了。

多媒体课件则可以将这些高难度动作清晰地呈现出来，并且还可以借助慢动作、重放等功能让学生仔细、反复观看，再配上教师的讲解，学生就可以顺利地理解这些动作技能，抓住要领，突破重难点，在短时间内建立起对动作表象的认识。显然，这有效提高了体育实践课教学的效率，为师生缩短了教学、学习时间。

（3）通过正误对比，纠正错误动作。在体育实践课上，教师可以借助多媒体技术，把一些优秀运动员完成动作的视频或者常见的错误动作整理汇集起来，制作成教学课件，在课堂上播放。要求学生自己根据教学课件讨论分析，提出问题，再一起探索问题的答案，让学生一边听课一边思考，同时还要学会自主表达。这样学生可以提前了解错误动作，在训练中尽量避免产生错误，在快速掌握正确动作技能的同时还能够锻炼自己的观察分析能力。

（4）现场模拟练习。多媒体技术在体育实践课教学中体现出一定的交互性，教师在借助多媒体开展体育教学时可以实现人机对话。比如在讲解足球比赛中的"越位"规则时，体育教师就可以借助多媒体技术编制一些交互性练习，可以设置两个选项，即"越位"与"不越位"，让学生自己选择，如果学生选择正确，就可以弹出一句赞扬的话；如果选择错误，就可以弹出一句鼓励的话。同时不管学生选择什么选项，都会弹出一个"解释"，针对正误为学生做出详细的解释，以此深化学生对足球规则的理解。这是一种充满交互性与乐趣性的体育教学模式，它可以让学生仿佛身处球场般进行模拟训练，能够有效激发学生的兴趣，调动其积极性，使学生积极主动地投入体育学习。

（5）器械飞行的模拟演示。多媒体技术还可以辅助教师进行模拟演示，这种演示是可以控制的，并且能够清晰地展现出某些动作要素与最终成绩的关系。比如在讲解投掷运动项目时，教师可以利用多媒体技术模拟演示器械的飞行轨迹，直观地表现出手角度、出手初速度、出手高度以及空气阻力对最终成绩的影响，经过观察可以发现，在运动员出手角度准确的情况下，出手初速度越快、高度越高、空气阻力越小，则最终的投掷成绩就越好。与此同时，教师还可以引导学生观察分析，探索不同的投掷项目在不同的条件下需要把握的最佳出手角度。

多媒体技术在体育实践课中的应用是对传统体育教学、常规体育教学的极大突破，它促成了一种新型的体育教学模式，并且这种教学模式被证明是有效的、值得尝试和推广的。

四、高校体育教学与训练中多媒体课件的制作与应用

(一) 多媒体课件的制作

1. 多媒体课件的制作原则

制作一份优质的多媒体课件需要遵循以下原则。

(1) 教育性原则，即课件的教学内容要符合教学大纲的要求，同时还要满足教育心理学的要求。

(2) 科学性原则，要求课件中的理论原理、定义概念都必须准确无误，相关的教学素材、观点论据都要符合科学，足够真实，具有逻辑性。

(3) 技术性原则，要求教师熟悉制作多媒体课件的各种功能，及时学习新技术与新设备的使用，按照技术标准完成课件的制作。

(4) 艺术性原则，多媒体课件要具有一定的艺术性，能够感染学生、带动学生的情感，因此在构图、色彩、布光的安排上都要做到主题鲜明，为学生的带来一定的感官刺激。

(5) 适度运用原则，多媒体课件发挥的作用更多的是辅助作用，教师可以借助多媒体课件为学生创设情境，刺激学生的感觉器官，调动学生的积极性与主动性，从而提升教学的效率。但是对多媒体课件的使用要合理、适度，不能滥用。

(6) 适度信息量原则，制作多媒体课件要合理组织信息资源，为学生提供适当的信息量，着重解决教学内容中的重难点，拓宽学生的学习视野，有时过多的信息量有可能让学生找不到重点，模糊了学习的主要方向。因此，要遵循信息适度原则。

(7) 创新性原则，多媒体课件的制作要注重创新性，不能照搬照抄，而是要求制作者有自己独特的构思、巧妙的设计。

2. 多媒体课件的制作流程

(1) 课件的选题。制作多媒体课件首要就是选题。在选择课题时，要充分

发挥多媒体技术的优势，选择适合多媒体课件的课题；要选择有助于提高教学效率的多媒体课件课题，辅助教师与学生的教学、学习活动；要选择能够落实教学目标、突出教学重点的课题。

（2）素材的准备和处理。在多媒体课件制作过程中，素材准备与处理也是非常重要的一步，好的素材可以使课件更加丰满，呈现出更好的效果。素材的选择应该突出主题，不必拘泥于形式。针对不同形式的教学素材，教师可以采用不同的计算机软件对其进行处理。

（3）创作设计。当教师收集获取了足够的素材之后，就要借助制作工具把这些素材变成多媒体课件，制作完成之后还要进行一定的试运行检验，根据检验评价及时做出修正。一份多媒体课件的教学效果还会受到制作工具与制作者本人对软件的熟悉程度的影响，工具的性能越好，制作者对软件越熟悉，那么最终制作出来的课件就越优质。

（4）多媒体工具的选择。制作多媒体课件要根据教学内容与教学需求选用合适的编辑软件，这样能够达到事半功倍的效果。如果要制作教学内容较简单，动画展示较少，但图片内容较多的课件，就可以选择 PowerPoint 软件，其操作性强，展示效果也好。如果要制作动画展示较多、内容较复杂的课件，就可以使用一些功能较多的编辑软件。

（5）程序脚本的设计。程序脚本的设计是多媒体课件制作过程中的重要步骤，它实际上就像剧本一样，是程序运行的文字形式的表现，在制作课件之前要将主程序、分支运行的过程步骤详细地描写出来，然后在此基础上组织教学素材。在具体的程序脚本设计过程中，教师可以灵活地运用各种表现形式，比如某一部分只需文字表述即可，而某一部分则需要用图片表现，还有一些部分可以加入音乐、视频等。最后，教师要将这些想法全都用文字整理记录下来，形成一份完整的、详细的多媒体课件程序脚本。可以说，程序脚本就相当于多媒体课件的"骨骼"，它为多媒体课件制订了整体的框架，课件的运行方式、交互方式都是由程序脚本决定的。

（6）打包及网上发布。多媒体课件最终是要应用到教学活动中的，因此，制作多媒体课件的最后一步就是对其进行打包，并且发布到网上，便于他人采用。可以将课件保存在移动设备或者光盘上，这样即使脱离了制作课件的环境，也可以正常使用课件。也可以直接把制作软件上传到网上，师生可以直接从网上下载使用，进而使多媒体课件变成网上教学软件。

（二）高校体育教学中多媒体课件的应用

"多媒体课件应用于体育教学，促进了教师教学思想和行为的现代化。在体育教学改革过程中，如何提升教师的现代化素质，如何发挥多媒体技术优势，如何借助多媒体课件实现教学创新，是摆在体育教师面前的新课题。[①]"

1. 应用多媒体课件帮助学生掌握体育技术、知识

在体育教学中应用多媒体课件，首要做的就是制作、选用优质的多媒体课件，只有这样才能达到体育教学的目的，学生才能学到正确的体育知识内容。多媒体课件的应用有助于提升学生的体育学习兴趣，传统的体育知识讲解有些枯燥乏味，但是加入多媒体课件之后，学生可以看到各种图片、动画、视频形式的知识讲解，这种教学方式更加生动有趣，可以让学生直观地看到体育知识信息，并且能够深化学生的理解。

比如，在讲解篮球运动中的技战术时，教师就可以在多媒体课件中加入一些联防策略，让学生将这些战术策略融入平时的训练之中；教师还可以以视频形式展现相关的动作技能与战术，让学生更加直观地了解技术动作，逐渐掌握适合自己的训练方式，进而提升自己的运动能力。多媒体技术在体育教学中的应用，既可以丰富教学内容，吸引学生的注意力，活跃教学氛围，还可以让学生直接观察动作技术，把握动作细节，有效地提升体育教学的效率。

2. 应用多媒体课件培养学生探究、解决问题的能力

多媒体课件中包含了许多动作技能的要领以及易错动作，教师可以组织学生一起观看，开展小组讨论，积极提出自己的问题，并且努力寻找问题的答案，这有助于培养学生发现问题、解决问题的能力。比如在学习"鱼跃前滚翻"这一难度较大的动作时，许多学生都难以在短时间内把握动作要点，再加上教师

---

① 朱云霞. 多媒体课件在体育教学中的应用 ［J］. 中国教育技术装备，2018（09）：129.

的示范很难慢速进行，更是增加了动作学习的难度。面对这种情况，教师可以借助多媒体课件开展教学，将动作视频反复播放、慢速播放，帮助同学厘清动作要点，同时还可以将正确动作与错误动作放在一起进行对比，让学生在对比观察中学习动作，加深他们的动作记忆，避免他们在实际训练出产生更多的错误。多媒体体育教学为学生带来了便利的学习条件，在这种教学模式下，学生除了学会相关的体育专业知识之外，其探究能力、观察能力也得到了有效提升。

五、高校体育教学与训练中多媒体网络教学平台的应用

（一）多媒体网络教学平台的基本结构与工作原理

教师与学生都可以借助浏览器登录该平台。学生可以用手机、电脑等个人移动设备连接平台服务器，在平台上进行体育知识内容的学习，也可以与教师沟通，上传自己的作业、问题等。平台的管理者以及体育教师可以对平台上的教学资源与内容进行维护，及时更新新的知识信息，上传最新的体育教学资源，教师还可以线上为学生答疑解惑，指导学生的体育学习。

（二）高校体育多媒体网络教学平台中模块的应用

高校体育多媒体网络教学平台是在互联网技术的基础上开发的一种应用于体育教学的综合系统平台，它可以满足高校学生的自主化、个性化体育学习需求，也能够有效辅助高校体育教师开展日常的教学活动。具体来看，高校体育多媒体网络教学平台包括以下重要模块。

1. 体育资源信息模块

体育资源信息模块主要用于整合互联网中所有的、最新的体育资源。一般来说，该模块会借助机器蜘蛛程序把所有体育资讯网站中最新的体育信息资源检索出来，并进行发布，为高校师生提供充足的、新鲜的体育资讯。一些高校也可以在这一模块发布本校的相关体育资讯。除了获取体育资讯之外，高校师生还可以在体育资源信息模块搜索、观看各大体育赛事视频，了解体育赛事

活动。

2. 体育教学模块

高校体育多媒体网络教学平台的核心就是体育教学模块，该模块主要用于辅助体育教学的全过程。具体包括课程简介、电子教材、电子教案、多媒体教学课件、教学视频等多个子模块。教师可以在这一模块将教学课件与资源上传，让学生自主开展体育学习；也可以借助多媒体教学课件，以动画、视频等形式为学生直观、生动地展示复杂的动作教学。对于体育教学资源比较落后的地区院校而言，体育教学模块为学生提供了在线学习优质课程的机会。

3. 即时通信模块

即时通信模块主要负责高校师生在体育教学过程中的即时沟通，教师可以通过这一模块为学生在线答疑指导，其他的体育专家与爱好者也可以通过这一模块进行即时交流。

4. 交流平台模块

交流平台模块主要为高校师生提供了交流、讨论体育知识与信息的空间，它的主要功能包括电子公告板、论坛、Email、在线交流等。

第三节　高校体育移动课堂教学与训练模式应用创新

在网络的快速发展下，人们使用互联网的频率越来越高，并且由于智能手机的普及，使得人们浏览信息和获取信息更加方便。在这些移动设备中，人们可以随时随地得知天下事。移动设备的普及为移动课堂的开展提供了条件，大学生如今更加喜欢多样化的便捷学习方式。

一、移动课堂的概念解析

从当前的情况来看，学界对移动课堂还没有一个统一的定义。具体来看，移动课堂的概念可以从以下几方面进行理解：

首先，移动课堂是一个新事物，传统教学中的教科书在移动课堂面前并未被淘汰，它只是成为一种支持移动课堂的辅助性工具，教科书仍然是学生课堂学习的主要知识载体，可以说，移动课堂其实一直都在我们身边。作为一个新事物，移动课堂与传统学习是有着明显区别的，它改变了传统教学的一些弊端。

其次，移动课堂与数字化学习也有着差异，具有自身独特的特点：从学习者自身来说，其学习场所可以随意转变，任何有网络的地方都可以让其自由学习；从学习方式上来说，学习者可以根据不同的目的进行不同方式的学习；从学习环境上来说，环境是可移动的，另外，教学与学习的参与者，教师与学生也可以移动。因此，人们可以使用一些移动设备进行学习，从而充分利用自己的空闲时间。

最后，移动课堂需要一定的技术支撑，移动计算与互联网技术恰恰给移动课堂奠定了良好的技术基础，也就是说，移动互联技术使移动计算设备变得小型化。移动计算设备小型化让移动课堂变得更加便利，人们可以利用吃饭、等地铁的碎片化时间进行学习，这样就提高了学习的效率。

二、移动课堂教学的主要内容

（一）课堂学习

泛在学习与传统教学之间在课堂学习内容方面有着显著的差别，泛在学习课堂内容是对传统教学的延伸与补充，传统教学内容则有效支撑了泛在学习。

首先，将传统的已经相对成熟的知识体系导入其中，使其可以支撑整个系统的每个环节。传统教学因为一直都重视人才的专业化培养，因此，它积累了大量人才专业培养的经验，并且在此过程中，形成了比较完善的专业标准、课程标准、知识结构体系，这些系统的体系保证了课程的正常开展，对学生的学习有一定的指导作用，更重要的是，它能帮助学生在循序渐进中完成学习。有些学习成绩较好的学生，他们在学习过程中可以完成跳跃式学习，所以，这时就需要对这些学生进行测试，通过测试的学习可以打开知识学习的下一个权限，教师不应该面向所有学生打开权限，因为学生的学习水平不同，有些学生无法完成高难度学习，从而会严重影响其知识结构。

其次，课堂学习要有比较详细的记录，这样教师就能全方位掌握学生的学习进度。学习进度的掌握主要可以从两个方面实现：一个是学生在专业学习走向上的进度，另一个则是其在某一门课程上的学习进度。专业学习的方向选择比较多，所以，学生在学习之前可以先根据教师提供的知识路线图对知识学习的先后顺序有一个清晰的掌握，教师在讲解时可以根据专业方向进行区别，例如，体育田径课程可以有长跑课程、跳高课程的区别，这时学生就可以根据自身特长走向的不同进行不同的课程学习。此外，不少课程都设置了单元课，或者教师会相应地让学生完成哪一项学习任务，这样，教师就能清晰掌握学生的学习进度。更为重要的是，还能帮助教师了解学生知识点的掌握情况，进而调整自己的教学计划。学生学习进度的了解与保存是教师教学工作的必要内容，学生学习信息不仅帮助教师更好的教学，而且还有利于学生对自己的学习有清晰的认知。

（二）课堂测试

课堂学习完成之后，测试环节也是必不可少的。在测试的帮助下，学习者可以清楚地了解自己的学习情况，有助于自己调整自己的学习计划，改变自己的学习方法。同时，教师根据测试结果也能清楚地认识到自己教学的效果如何。

在测试环节，要适当导入一些资源。测试资源的种类有不少，主要的资源有三种，分别为平时练习、单元测试、课程考核。对于大多数学生来说，平时练习是非常熟悉的一种测试，就是大家所说的随堂测试，课堂知识的累积情况需要检验才能得知，因此，教师一般会根据教学内容安排随堂测试，以帮助学生认识自己的学习情况，了解自己的认知水平。通常情况下，这类资源往往会标有问题的分析、讲解过程，由学生独自完成练习；当教学计划完成到某一阶段时，教师需要让学生接受单元测试，通过单元测试，教师可以了解到学生前一阶段的学习情况，从而为后续教学计划的制订与开展提供依据。需要说明的是，这类资源主要是用来考察学生的学习效果，教师根据测试结果告知学生其应该在哪些方面做出改进；当一门课程学习结束之后，教师要让学生接受课程考核，这类测试内容涵盖了教师所教的这门课程的所有内容，有利于检验学生是否满足了课程学习的知识建构要求。

（三）交流互动

在移动互联体系中，交流互动是具有显著特征的部分，移动互联技术具有较强的交互性，教师与学生不仅能实现线上的良好互动，即使是在线下，二者的互动也不会少，当学生遇到问题时，教师能及时帮助其答疑。而且，这种互动也不仅仅局限于教师与学生之间的互动，学生与学生之间的互动同样重要，学生彼此之间进行学习心得的交流，也非常有利于学生学习质量的提高。

通常来说，交流互动需要实现以下两部分的内容。

1. 互动方式的选择

当前，在线课堂教学主要采取以下三种互动方式。

（1）通过设置评论完成互动，允许学生在课程学习结束之后发表自己的观点，对教师的教学进行评价。

（2）利用第三方联系渠道进行互动交流，目前师生最为常用的第三方联系渠道主要有 QQ、微信等，这些软件所传递的信息都是即时的。

（3）通过论坛的形式完成互动，教师根据课程知识点开辟相关论坛，让学生在这个论坛上展开讨论，教师同样参与其中，这就完成了师生互动。这三种方式都各自具有自身的优势，具体采用哪种方式，教师可根据学生特点、课程知识点灵活选择。

2. 互动内容的选择

互动行为不仅让学生之间实现了互助学习，而且这种互助行为也会延伸到学生的日常生活中，有利于其协作互助精神的培养。互动是建立在一定的互动平台基础上的，互动平台让教师可以随时为学生答疑解惑，这样就能了解到学生的学习情况，从而帮助其改进后续教学设计。因此，在具体进行互动内容设计时，教师不仅要考虑课程本身的知识点，而且还要考虑学生的学习心得以及互动建议等。

（四）资源共享

在传统教学中，教师在上课之前会准备大量的教学资料，这些资料的内容是十分丰富的，有一些是从网络上下载的图片、音频与视频，而在移动课堂上，这些内容的获取并不仅仅需要教师来完成，学生也可以从网络上自行搜索资料，每个学生搜到的资料并不具备同一性，因此他们彼此之间可以实现资源共享。

资源共享需要教师与学生可以获得资源上传的权限，因此，移动互联平台需要给予教师与学生相应的权限，这样这一平台将会获得更加丰富的资源。同时平台还要做好资源的分类工作，以确保平台其他用户可以快速地找到资源。不过，在这种情况下，平台将会积累大量的资源，为了用户方便查找，平台可向用户提供关键词搜索以及相关资源链接等服务。

移动课堂是在互联网＋教育理念下形成的一种新型教学模式，它强调资源共享、师生互动，利用线上平台加强传统教学。尤其在移动互联技术的不断发展下，教学信息化改革也将稳步推进。

三、高校体育教学中云课堂的应用

（一）云计算支持下的教学模式的需求分析

云课堂充分整合了慕课、翻转课堂等教学模式的优点，其中包含三种角色，即教师、学生和管理员，他们可以通过互联网与服务器进行交互，而实现线上的教学、学习和评价。云课堂的教学模式通常是通过先学、精讲、后测、再学的渐进式学习实现的，也就是教师通过云课堂平台向学生发布导学案、课件、测试题以及一些体育学习资源等。教师可以利用云课堂设计教学方案、教学内容、布置作业、批改作业以及线上考试等；学生可以通过移动终端或者电脑终端来学习和考试；管理员可以在线监控教师和学生的情况，以便及时调控教学和学习。

云课堂的教学方式将多媒体技术、网络技术、信息化技术融合起来，成为现代教学中比较新型的教学方式。移动课堂伴随着如今的智能学习终端快速发展起来，学生可以选择适合自己的学习时间和地点在移动终端进行体育知识和技能的学习。在云课堂教学方式下，教师将微课堂设置成包含教学大纲、教学内容和教学资源的平台，对学生学习体育知识和技能具有很大的指导意义。

云课堂的教学方式可以为学生带来更多的新奇体验，学生在云课堂平台上能够看到更多在传统教学课堂上不能直观看到的细节解析，并且学生在体育知识和技能的视频学习时，可以根据自己的学习理解程度反复观看，倒放和慢放都能够促进学生对体育知识和技能的理解。这种新的教学方式可以为教师和学生节省很多的时间，让学生避免在传统体育课堂上看不懂教师演示的动作。因此，云课堂可以将使学生快速地学会体育技术和战术，从而提高体育学习的兴趣。

总的来说，云课堂通过对体育知识和技能资源的整合，能够给予学生较为系统和完善的听觉和视觉体验，使学生对体育知识和技能学习的兴趣更加浓厚，从而不断提高体育知识和技能教学的质量。

（二）云课堂中师生的自主学习角色构建

1. 学生角色的构建

学生要想了解自己任务的完成情况，可以通过云课堂来实现。云课堂涉及的内容很多，例如学生根据自己学习情况制作的学习任务；教师根据教学目标和学生的学习情况安排的考试和作业情况以及教师为学生提供的一些学习资源等。同时，系统通过监测到学生学习任务的完成情况来恰当地给学生布置一些其他的学习任务。

云课堂中对每个学生的学习情况都有相应的记录。这些学习记录真正地反映了学生的具体学习情况。云课堂具有"错题本"功能，学生应该充分利用这一功能，根据自己的实际学习情况及自身需要，科学选择查询方式来了解自己在最近一段时间内的错题情况，并针对自己做错题的类型来进行相应的练习。在练习的过程中，学生的练习情况也会被自动记录下来，并存储到相应的系统中，同时还可以根据学生的正确率来确定这一题目的难度系数。

云课堂中的系统还具有自动推送相关知识和信息资源的功能。如果学生在练习过程中做错了题，系统就可以根据错题的类型来给学生推送相关知识点，这样学生可以根据自己的实际情况来有针对性的学习，从而真正实现因材施教。同时，云课堂还可以通过监测学生的学习情况和练习情况，将学生已掌握的知识和试题自动剔除，这样学生可以集中练习自己容易犯错的题型，这样有利于学生充分利用时间来提高学习效率。

对于一些优秀的学生，系统也会根据学生的实际情况来推送相应的练习，同时不断根据学生的学习进度来调整不同的推送资源和信息，这样有利于找到适合自己的方式。

另外，系统还可以根据不同学生的不同学习风格，将信息和资源进行分类并构建分层的网络结构。学生在云课堂中可以根据自己的需求来选择学习资源。之后，学生对资源进行学习的过程中，系统也会做好相应的记录。系统会根据学生的学习记录来设置相应的练习，这样有利于学生在学习之后通过练习加以巩固，也有利于理论知识与实践练习的有效融合。

2. 教师角色的构建

教师应该根据学生的需求和实际学习情况设计学生的练习题目。在设计练习题的过程中，教师还要注意试题的属性，只有这样才能满足学生的需求，使知识点联系起来。同时，教师可以根据系统推送题目的难度系数来进行及时调整，从而使题目能够满足学生的需求，符合学生的实际学习情况，这样有利于提高系统内练习题的质量。

同时，系统还可以对学生学习资源、使用资源的情况进行监控和记录，并从监控中了解系统中学习资源的使用现状，了解学生的真正学习现状，这样有利于教师进行教学设计，从而提高教学效果和效率。

教师在具体教学过程中，可以充分利用云课堂中各个系统的优势来监测学生当堂课的学习情况以及当堂课学生知识点的掌握情况，这样有利于教师及时发现学生在本节课中存在的问题，并有针对性地解决这些问题，从而提高学生学习的效率。

系统还有利于实现个性化教学。教师可以借助系统中的查询功能来查询学生的实际学习情况，这样有利于教师从整体上把握学生的学习情况。针对学生的整体学习情况，教师可以逐一分析，并有针对性地对学生进行指导，这样有利于学生的个性化学习，也有利于实现个性化教学。

（三）构建师生及生生互动的学习空间

云课堂是网络技术迅速发展的产物，将其应用到教育教学中，有利于实现先学、再讲、后测、再学的新型模式。在云课堂教学模式中，教师主要起着引导作用，学生的主体地位得到确立。教师可以根据学生需求以及教学目标来选择教学内容和教学策略，同时，云课堂中的相关系统还具有随时记录的功能，因此，教师和学生在云课堂上的表现和行为都被记录下来。

具体到体育教学中，教师要想了解每个学生具体学习体育知识和技能的情况，就可以查询系统中学生学习的记录数据，从而真正了解学生的学习现状。学生也可以对体育教学设计、重难点设计、活动组织、知识讲解、教学内容、任务安排等通过系统中的"点赞"或"不同的表情"来做出回应。这样有利于教师及时了解自己的教学安排和教学设计，从而针对学生的回应及时做出调整。

另外，学生与学生之间在共同讨论问题的基础上，可以有针对性地进行竞争学习。在合作和竞争中，学生可以取长补短、共同发展。同时，在体育教学实践中，教师可以参与到学生的讨论和交流中，这样有利于发挥教师的指导作用，也有利于学生明确学习的方向，还有利于形成平等的师生关系，真正实现教师与学生、学生与学生之间的交流和互动。除此之外，系统还可以在师生、生生互动中，捕捉到真实的数据，并记录学生的真实学习状况。

教师在课堂教学中主要针对体育教学的重难点内容进行讲解，并集中处理和解决学生在学习中遇到的问题。对于一些由于特殊原因不能在课堂上进行上课的学生而言，要想学习体育课堂上所讲的教学内容，就可以利用云课堂来学习，这样就不会使学生落下教学内容。

在体育课外教学中，系统也会根据教学目标、教学重点、学生学习情况以及出错情况推送相应的试题和个体化内容。同时，教师可以参照系统中学生学习情况的记录数据来对学生进行针对性指导，这样有利于实现个性化学习，也有利于实现个性化教学。

云课堂充分利用网络技术记录学生的学习行为和教师的教学行为，这些真实的数据能够为教师的教学和学生的学习提供有益参考。

四、高校体育教学中腾讯微校的应用

(一) 高校体育教学中基本功能模块的应用

1. 群发功能模块

腾讯微校具有非常大的优势，例如，它的消息传播具有即时性，群发功能具有主动性，并且具有瞩目性和线缩性的特点。因此，用户阅读收到的消息时，十分方便快捷。用户可以在群发功能模块中看到一些信息的标题，这可以帮助用户判断哪些消息是值得阅读的，哪些消息是可以不阅读的。在群发功能的内容设置方面，可以根据用户的喜好进行针对性地推送，从而快速建立用户群。在体育教学中，教师可以建立一些公众号，将一些热点体育资讯放在公众号中，并且融入学生感兴趣的体育热点。在体育公众号的群发模块设置上，可以将其内容设置为体育资讯，这样可以更大地调动学生的阅读兴趣。

2. 自动回复模块

微校功能模块具有一个十分实用的功能，即自动回复模块，这个模块可以编辑出很多的信息，还可以建立一个数据库，将很多体育教学方面的内容储存在自动回复模块中。自动回复模块可以储存图片、文字、声像等不同的信息。这部分内容在公众号中是隐藏起来的，只有用户发送一定的关键词才可以获取自动回复模块的内容。关键词的存在需要设置一个说明来提示给用户，可以将其放在公众号的简介中，从而使用户知悉。

3. 投票管理模块

投票管理模块可以用来为体育教学进行投票，有的可以用来宣传体育文化活动。因此，这个模块功能是十分有价值的。在收集到用户的投票之后，可以对体育教学方面的各种信息进行统计，从而分析学生对体育教学的看法。这些数据最终会形成一个统计图，可以为公众号下一步的发展提供参考。

（二）高校体育教学中教学功能类模块的应用

在腾讯微校平台中，既有教学方面的模块，也有科研方面的模块。而教学教务科研模块则是该平台中使用率最高的一个模块，该模块包含体育教学、教务管理以及科学研究等内容。

1. 打分与查询模块

腾讯微校平台可以为体育教学的成绩进行打分，例如当腾讯微校平台中使用体测成绩计算器时，就可以根据国家在学生体质方面提出的标准进行计算，从而获得学生的体测评价表。另外，教学类功能的实现还可以通过微校平台中的"图书馆""查资料"模块进行教学资料的查询，从而帮助教师在体育教学中更加科学和高效。

2. 早起打卡模块

为了实现微校平台的教学功能，教师还可以在微校平台上设置"早起打卡"区，鼓励学生早起签到，锻炼身体；另外，体育成绩也可以使用微校平台中的"成绩查询"功能进行查询。

3. 课堂签到模块

在体育教学中，学生的课堂签到是一个重要的环节，因为学生只有到堂学习，才能在课堂上学到一些体育知识。为了节约学生考勤的时间，教师可以减少点名答到的次数，换成使用微校平台的智能签到模式。智能签到模式是指将动态的二维码与学生的体育锻炼结合起来，例如，学生在热身时可以扫描二维码来签到，可以在列队的时候进行签到，还可以使用手机的定位功能进行签到。这些丰富的签到模式解决了点名答到浪费时间的问题，并且智能签到的模式还可以自动生成学生的签到表，对教师考勤十分便利。

4. 比赛报名模块

在体育教学活动中，有一个比较重要的部分是比赛。为了宣传体育比赛活动，高校往往会设计一些体育活动的海报，在一般情况下，是将这些海报张贴在高校的公示栏中，但是有了微校平台以后，教师可以将海报和报名方式等上传到微校平台上，学生在手机上就可以看到关于体育比赛活动的消息，想参加比赛的学生可以报名，而不想参加比赛的学生可以去当观众。在腾讯微校平台上报名成功之后，会自动生成一个二维码，凭借二维码，学生可以进入比赛场地，这种举办体育比赛活动的方式极大地节约了教师和学生的时间，并且提高了效率。

（三）高校体育教学中商用功能类模块的应用

为了使腾讯微校平台能够持续地运营下去，平台需要有不断的资金支持。因此，除了高校的拨款之外，微校平台还需要形成自己的盈利模式。在该平台中，高校可以设置有偿服务模块，学生使用相关的功能需要进行适当的付费。另外，微校平台还可以通过接广告来增加收益，进而丰富微校平台的商用功能，使微校平台能够自负盈亏，从而可持续性的运营下去。

现代高校体育教学与训练实践
——以足球运动为例

第四章　现代高校足球运动教学活动开展与实施

第一节　现代高校足球运动的科学研究

一、高校足球运动科学研究的主要方法

足球运动科学研究方法是多种多样的，但不论选择、运用哪种研究方法，都必须符合本课题的研究目的、性质、对象、内容和所完成的具体任务来确定。研究者可以综合运用各项研究方法来研究某一题目，也可只使用一种方法研究某一个专题。目前，足球研究人员和教练员所采用的研究方法主要有：文献资料分析法、观察法、统计法、调查法、测试法、实验法、数理统计法等。

（一）文献资料分析法

文献资料分析法，是对与研究题目有关的文献资料、电影、图片等进行收集和分类，对资料来源进行考证，并运用逻辑推理等方法进行归纳分析，最后得出自己的结论。文献资料分析法通常经历寻找所需资料的来源，再把符合研究内容的资料摘取出来，经整理分析达到研究预期目的的过程。

（二）观察法

观察法，是通过在自然条件下对足球某个技术动作或战术配合等进行观察分析，最后得出研究结论的一种方法。所谓自然条件下是指在观察过程中，人

们不事先去控制环境条件，而是任其处于本来自然的状态。研究者可根据研究目的，进行长时间的追踪观察或一次性观察。

（三）统计法

统计法，是通过对足球训练、比赛中有关的问题，如训练密度、强度和技战术运用等问题，进行现场统计记录，取得某些数据和典型战例等实际资料的一种常用的研究方法。统计法分为常规统计和专题统计。常规统计法是多年来在大型足球比赛中惯用的技术统计内容与方法，如射门、传球、抢截球和体力等。专题统计是研究者根据研究目的和要求解决的问题，有针对性地进行现场专题统计记录。

统计法可分为人工统计和计算机统计两种。人工统计应力求表格简便、科学，统计概念要清晰。1991 年在广州举行的首届世界女子足球锦标赛中运用计算机进行足球比赛现场统计工作，效果很好，做到统计内容全面，又节省人力物力，统计结果迅速准确。

（四）调查法

调查法，是通过口头或书面等方式，搜集足球某些问题所需要的材料的一种研究方法。口头调查有访问、座谈、开调查会等方法。书面调查有通过对书面材料做调查、问卷通信调查等方法。研究者运用这些调查方法与足球专家、教师、教练、运动员等进行接触和联系，从中获得研究课题的有关材料，然后进行分析、研究。

（五）测试法

测试法，是在足球科学研究中，借助测试工具对足球运动员或研究对象的特征指标进行度量的一种收集资料的研究方法。测试工作要达到测试指标的可靠性、有效性、客观性和分辨力的测量要求。准确客观的测试收集的数据是得出科学有效的结论的前提条件。

（六）实验法

实验法，是研究者通过一定的手段，对各种因素在有控制的条件下进行变化，对其研究结果进行分析对比的一种科研方法。研究者运用实验法时，常根据研究的目的，拟定实验内容、方法，选择实验对象，然后进行实验或对照实验，经过分析研究，从中得出结论。

（七）数理统计法

数理统计法，是指将足球科学研究中所获得的观测数据运用数理统计学进行数学定量处理的一种研究方法。它能定量地研究或剖析足球实践中所遇到的具体随机现象的内部规律，从而对所关心的问题做出尽可能精确、可靠的定量性结论。

二、高校足球运动科学研究的工作程序

足球运动的科学研究工作大致可分为选题、制订研究工作计划、收集资料、整理和分析所得材料、论文撰写等程序。

（一）选题

进行足球运动的科研工作首先要选择和确定研究题目，即确定选题。选题的好坏直接影响着整个科研工作的成败，因此，确定选题时应注意以下四点：

第一，题目应具体明确，能反映文章的研究内容，做到文题相符。

第二，应从实际出发，充分考虑研究者的研究能力和客观条件，确保研究工作的可行性，不要贪大求全、好高骛远。

第三，选题要考虑到题目的现实性和时间性等客观条件。

第四，考虑到科研成果的实用价值，要能指导和解决当前足球运动中的有关问题。

确定足球运动科学研究工作的选题，主要途径包括：① 从学习阅读文献资料、书籍中发现问题，提出问题；② 从足球运动实践中发现问题、提出问题；③ 虚心请教有经验的教师、教练员和科研人员，启发自己的思路，有所侧重地就足球运动的某个方面发现问题、提出问题。

（二）制订研究工作计划

制订研究工作计划，既可以保证足球运动科研工作有条不紊地进行，又可以按计划检查工作进展情况。

科研工作计划一般可分五个阶段，各个阶段的工作内容如下：

第一，定题阶段。包括调查访问、阅读资料、确定研究题目。

第二，收集资料阶段。包括阅读收集资料、调查访问、现场统计、实验测试等。

第三，整理、分析资料阶段。包括整理归纳资料、分析研究资料。

第四，撰写阶段。包括撰写论文提纲、撰写论文。

第五，报告、推广阶段。包括报告论文、修改定稿、推广运用。

（三）收集资料

收集和占有丰富的材料是足球运动科学研究的基础，是形成研究者理论观点的依据，因此，它是撰写论文的一项十分重要的准备工作。否则，足球运动科学研究便无从着手，理论观点便无法成立，也谈不上撰写有质量的论文。收集和积累与本研究课题有关的材料，主要有以下方法：

第一，查阅文献资料、书籍。

第二，调查和访问。

第三，足球训练、比赛临场统计。

第四，实验和训练。

在收集和积累资料过程中，应做到材料准确、丰富、详细、全面。

（四）整理和分析所得材料

对通过各种渠道收集的众多材料，要分门别类加以整理，有的可用文字形式表达，有的可经过数据统计处理，用图表形式表达，使材料系统化。在整理材料的过程中，经过对大量材料的鉴别、归类和分析，可以加深对问题的认识。

在整理和分析材料过程中，要通过分析、论证逐步形成自己的论点和论据，从而最后得出正确的结论。

（五）论文撰写

在收集材料，并经过整理、分析和初步形成观点和论据后，就要进入论文的撰写阶段。撰写论文大体分为以下步骤：

第一，腹稿。下笔撰写论文之前，在脑子里应思考论文定什么题，论文怎么写，写成什么样，谓之打"腹稿"。就是说，论文要先在脑子里想好，然后再把它用文字写出来。

第二，撰写提纲。提纲就是安排和组织全文的结构，从全局出发，协调好各部分的关系，搭好论文架子，是防止论文成文返工或大改的关键。撰写提纲有三种形式：① 句子提纲，即每一部分都是完整的句子；② 标题提纲，即每一部分都是一个标题式的短语或词语；③ 段落提纲，即每一部分都是一个段落内容。

第三，初稿。在拟好撰写提纲的基础上，进行整体组装，用适当的语言形式把论文的内容准确地表达出来，初步成文，这种半成品即为初稿。

第四，定稿。初稿完成后，应经过反复修改，征求意见逐步完善，直到最后定稿。

第五，润色。一篇好的论文，其文笔必须流畅，合乎语法，能用简洁的语句表达完整的意思，因此撰写论文的最后一道工序，就是要对论文加以修饰、润色，使其更加完美。

三、高校足球运动的科学统计内容及方法

（一）射门统计

射门情况如何，特别是射进对方球门数的多少，直接关系到比赛的胜负。

通过对射门情况的统计，能说明一个队在比赛中射门的次数、方法和效果，为分析射门情况和改进射门训练、提高射门命中率提供依据。

临场统计射门时，主要记录射门进球得分情况，即记录射门机会是怎样创造的、是谁在何时何地用什么方法射进的；还要记录射门未进的情况，即记录是谁在何地用什么方法射门和球未射入的各种情况（射正、射高、射偏、被挡等）；还要记录是采用直接射门，还是间接射门（带球射门、接球后射门、过人射门）。

射门统计时，还要明确和掌握好一些主要概念和尺度，分清是射门还是传球。主是从射门队员的意图、与球门的距离和角度、方向、力量及效果等因素确定是射门还是要传球。其中远射是指禁区外的射门，近射是指禁区内的射门，误射是指守方队员失误而射入自己球门的球。

赛后，将临场记录的数据整理后，填写到射门情况统计表上。

（二）抢、断、争顶、铲球统计

在现代足球运动中防守技术越来越被人们所重视。通过对防守技术的统计可以了解、分析一个队防守的效果和特点，为研究防守技术运用的情况和进一步提高防守能力提供客观依据。

临场统计时，要分别记下守方队员在前、中、后三个场区的，抢球、断球、争顶球和铲球的次数和效果。

凡防守队员有意识地做出抢、断、争顶、铲球防守动作，而使本队由守转攻或将球破坏掉为成功；否则为防守失败。若在防守时犯规则为失败一次。

赛后，将临场统计的结果加以整理，再填写在抢、断、争顶和铲球的统计表上。

（三）传球统计

在足球比赛中，传球是组织进攻时队员之间互相联系完成战术配合的主要手段。通过对传球情况的统计，可以反映出一个队在比赛中传球技术的运用情况和特点。

临场统计时，记录每次从组织进攻开始到进攻结束为止，按不同的传球类

别统计次数和效果。传球通常分为长传球（30 米以上的传球）、中传球（15～30
米的传球）和短传球（15 米以内的传球）。另外，还要记录一般传球（指没有构
成威胁对方球门的球）和威胁传球（指对对方球门造成威胁或直接创造射门机
会的传球）。

传球效果分为成功和失败两种。凡传到的球被同伴得到或仍由本方队员控
制、利用均为成功；反之，则为失败。防守者犯规或踢出界外均算传球成功一
次。而罚任意球、角球、掷界外球则重新计算次数。具有明显改变进攻方向的
长传球为转移长传球，而该球同时又具有威胁性，则为威胁性长传球。

赛后，将临场记录的数据经过认真计算、整理、填写到传球统计表上。

（四）体力统计

在足球运动不断发展的今天，足球比赛日趋激烈。因此，对运动员的速度、
速度耐力等身体素质的要求越来越高。通过在比赛中对运动员的体力统计，能
够反映出运动员奔跑能力和体力变化情况，为加强身体训练，进一步提高运动
员奔跑能力做参考。

临场主要是记录运动员的快跑、冲刺次数和距离，慢跑和走动距离以及跑
动总时间。所谓冲刺跑是指用100％的力量跑，而用80％以上力量跑为快跑，快
跑与走之间的跑为慢跑。跑动总时间为慢跑、快跑和冲刺跑动时间的总和。

记录时按 15 分钟为一节，分别记录上述内容。赛后，按照体力统计表上的
项目和要求，将数据整理好后加以填写。

第二节　现代高校足球运动的教学分析

一、高校足球教学的任务

大学生目前喜爱的体育运动项目包括足球、体操等，同时，在高校体育教

学中足球运动教学也是其中不可忽视的一部分。要先提高大学生足球体育运动的水平，必须着重开展足球体育教学，提高大学生的足球运动技能。

（一）全面提高大学生的身体素质

大学生正值青年时期，各方面身体素质都处于良好的状态，是体育运动能力发展的黄金时期，从运动生理学来看，大学生这一阶段的人体功能具有以下五方面的特点。

1. 骨骼

骨骼中软骨组织占有比例较高，骨组织中主要包括水分、有机物、无机盐等成分，其中水分和有机物占有比例较高，无机盐的比例较低，因此骨骼表现为具有一定的弹性，有一定的弯曲性，在运动过程中不容易发生骨折等现象。

2. 肌肉

肌肉主要包含水分和蛋白质、无机物等，但是水分在其中的含量较多，蛋白质和无机物在其中的含量比较少，因而造成肌肉的弹性较好，但耐力相对较差，使人们容易产生疲惫、劳累等感觉。并且相对于骨骼来说，肌肉的增长速度要更慢一些，身体各个部分的肌肉增长速度也都有所不同，可能会影响人体的均衡发展和足球运动方面的动作协调性。

3. 神经系统

神经系统的细胞运作能力比较低，这是由于神经系统会受到内分泌腺活动的制约与作用；而神经系统的细胞工作能力降低在人体参加足球运动当中具有一些弊端，一方面神经系统的细胞工作能力降低会导致人体容易产生劳累、困乏的感觉，另一方面使人的注意力不集中，并影响足球运动当中的动作稳定性。与此同时神经系统的神经过程具有很高的灵活性，细胞的运作过程十分活跃，促进新陈代谢，加快合成作用，因此有利于帮助人体在短时间内从疲惫当中恢复过来，消除疲乏。

4. 呼吸系统

呼吸系统当中，如果呼吸肌力比较弱的话就会造成人体的呼吸比较浅；如果相反，人的代谢比较旺盛，那么人体对于氧气的需求就会增加，同时呼吸的频率也会加快。

5. 血液循环系统

在血液循环系统当中，心率如果加快，收缩压就会降低；但与此同时血管壁具有较好的弹性，使得外周的阻碍较少，能够顺利进行血液循环。

（二）培养大学生欣赏和参与足球运动的能力

足球运动能够锻炼人的身心，提高人的综合素质，大学生应当具有欣赏和参与足球运动的能力。在参与足球运动过程中，大学生能够加强对足球运动的认识，获得足球运动方面的理论知识和运动技能，提高体育运动能力，增强体质，从而对足球运动产生兴趣，进一步增强参加足球运动的意识。与此同时，也有助于引导大学生走出教室，走到户外，开阔视野，拓展自身的知识结构，完善大学生的人格发展。

要想培养大学生欣赏和参与足球运动的能力，可以根据现代足球运动发展朝着"全面、快速、娴熟、简练"等方向发展的趋势，高校在开展足球运动教学时，"教师要以学生个性发展和提高体育意识为教育目标和依据，制订教育计划，革新传统教育方法，制定多种评价制度，重点培养学生的创新能力、团结协作精神以及对足球的兴趣[①]"。要充分考虑大学生的身心发展特点，结合大学生的需求和身心发展状态来设计足球教学内容，帮助学生循序渐进地学习掌握足球活动。

（三）促进大学生德、智、美素质的全面发展

1. 足球教学的德育任务

足球教学不只是培养学生的体育训练技能，它还承担了学校的德育任务，因此在足球教学过程中，教师教学要体现德育的要求。足球教学的德育任务如下。

（1）足球教学要形成严格的组织纪律，规范足球教学的技术操作，完善足

---

① 殷君楚．高校足球教学大学生兴趣培养的思考［J］．当代体育科技，2022，12（03）：70.

球训练规则并予以遵守，使学生在足球学习中融入训练集体，在集体中发挥出自己的作用，正确处理好个人与集体的关系，个人要服从于集体的要求，同时集体要尽量保全个人的才能，使个人在集体当中充分发挥出自己的才能，每个人要互相配合，具有集体意识，形成强有力的集体力量。

（2）在足球教学过程中，要想激发学生取得足球比赛当中的胜利，教师就要引导学生形成集体意识和相互配合协作的能力。因此在足球教学过程中，教师就要引导学生关注集体，热爱集体，形成集体荣誉感和成就感，鼓励学生集体行动，以积极的态度参加足球训练。

（3）在足球教学过程中，要建立明确的规则要求，帮助学生形成积极正确的足球训练意识，在足球学习时要尊重教师，正确看待共同竞争的对手，与集体中的伙伴团结友爱，形成积极的体育训练意识。

2. 足球教学的智育任务

足球教学不仅承担着德育任务，还具有智育任务，智育任务具体来说，主要包括注意力、观察力、思维力以及分析判断能力等几项智力能力，智力的发展是以具备一个健康的身体为前提的，强健的体魄能够为智力因素的发展提供物质基础。同时智力发展对学生的身心健康发展具有重要影响作用：① 大学生是国家未来的发展动力，高校要想更好地培养各项素质全面发展的大学生，理应在学习足球运动时，在足球教学中融入智育内容；② 高校学生学习足球运动的相关技能和理论知识，将会有力地增强学生的综合素质，推动学生全面发展。足球教学的智育任务如下。

（1）培养学生的观察力。开展足球教学可以培养学生的观察力，因为在进行足球运动时，需要参与者具备很敏捷的快速反应能力，能够根据对手的动作准确判断出对手将要采取的措施。在足球学习过程中，学生往往要注意观察教师做出的示范和要求，形成正确的动作规范，建立稳定的注意力，在丰富多变的运动场上镇定发挥。

（2）训练学生的记忆力。在足球教学当中，通常是在室外的体育场中进行，从而为学生提供充分的实践锻炼机会，这也使得学生在足球学习时要迅速记忆并掌握教师讲解的理论知识和动作示范等，以便在自身实践操作时能够顺利进行下去。此外还要求学生在实践时融合教师讲解的知识，加以联系、融合发展，提高动作的连贯性，因此参与者敏捷的反应力一部分也来源于他们良好的记忆力，良好的记忆能力使得参与者能够准确掌握体育各项技能的操作规范，在体育比赛中充分发挥出来。

另外，足球运动是一项要求良好的连贯性的运动，需要各个动作协调统一、相互配合，将各个关节连贯组合起来，如果其中某个环节出现问题或者失误，将会造成整个足球战术出现问题，最终可能导致比赛的失败，良好的记忆能力是学生学习足球运动应当具备的重要技能。

（3）开发学生的想象力。足球运动同样需要开发学生的想象力，想象力对学生在足球学习过程中感知、记忆、模仿运动技能具有重要作用，帮助学生不断体验足球运动当中的技术动作和战术安排。并且足球比赛当中不仅仅需要参与者具有高超的运动技能，还在整个过程中贯穿着想象的因素，开展足球运动，可以激发学生的想象力，增强运动活力，丰富比赛场上的表现。

（4）提高学生的思维力。人的大脑分为左右脑两个部分，并且左右脑各有不同的分工，左脑处理一些理性的、数字化的信息，属于理性思维；右脑更偏向于处理一些情感、图像等感性的信息。高校的大学生在学习足球运动时，需要巧妙运用左右脑两个部分，协调运行，培养良好的思维能力。这主要表现在两个方面：① 在足球训练当中，学生往往处于较为激烈的环境，需要在当下快速作出反应，应对对手即时性的动作，因此就需要学生培养出敏捷的反应能力和良好的思维能力，在复杂激烈的环境中，迅速且准确地判断出场地上的情况，果断做出反应，赢得比赛的胜利，长期下去能够非常有效地提高学生的思维能力；② 由于足球比赛是一个多个个体互相协作配合的过程，比赛过程非常复杂多变，竞争双方随时要根据情况做出调整、变化，参与者要有及时调整、改变战术的能力，在进行足球教学时，就要注重对学生思维能力的培养。

3. 足球教学的美育任务

足球教学是体育教学的一部分，体育是人体美的一种表现，是对人体美的挖掘和赞扬，足球教学同样也承担着美育的任务。这一美育的任务主要包括运动美、健康美和意志品质美等。具体来说，技术美是参与者在足球比赛中巧妙运用战略、战术，协调配合过程中体现出来的；是足球比赛中参与者恰当运用体育动作、技能，充分展示人的力量的美感，在这一过程中，人们会赞叹人的力量之美、动作之美和技术战术之美，并将这种美作为体育精神的一部分传承下去。健康美也是人体表现出的美感，是人体最基本的美；意志品质美体现在足球比赛中贯彻的原则和精神，比如比赛中的各项规则，对足球运动的尊重和热爱等。足球教学的美育任务如下。

（1）培养学生美的感受能力。美是人类所共同追求的事物，美具有艺术感染力，足球教学教会了学生欣赏足球运动的各种美感，引导学生正确看待体育运动的美好，激励学生追求足球运动之美，帮助学生形成正确的审美情趣，获得美的享受，增强学生对体育美的热爱与追求。

（2）培养学生美的鉴赏能力。高校在开展足球教学时，应当在教授足球相关技能时，增加对学生美学方面的教学与培养，让学生掌握系统的、科学的足球运动技能，培养学生理解足球运动的能力，并进而能够欣赏足球运动的美感，对足球运动之美加以鉴赏，感受其中的巧妙与卓越。

（3）培养学生美的表现能力和创造能力。足球教学不仅要培养学生感受其中的美感，鉴赏它的巧妙与优美之处，还要鼓励、引导学生将这种审美情趣转而由学生自身表现出来，反作用于足球运动，创造出更加精彩的足球表现。比如可以将这种审美情趣转移到培养学生强健的体魄，锻炼健美的身体，提高学生对美的感知能力，激发学生进一步创造发展，提高自身素质，培养他们形成热爱美、鉴赏美、表现美的能力，增强自身的创造力。

二、高校足球教学的要求

（一）循序渐进与系统性相结合

高校要想顺利开展足球教学，需要把握高校足球教学的要求，顺应足球教学的规律。开展足球教学时，教师要根据教学内容的难易程度，按照由易到难的顺序进行教学，并且要考虑学生的身心发展特点，对于不同训练项目进行难度分类，并根据训练项目的类型设计不同的训练方法，对学生分周期、分阶段、按部就班地开展教学，教师也要注意帮助学生衔接好不同阶段的内容，使学生循序渐进又连贯地掌握好足球训练内容。

（二）综合性与实战性相结合

高校开展足球教学时，要做到综合性和实战性相结合的原则，综合性即要求学生在学习足球时要将教师所讲解的足球知识、技能，以及自身的身体素质、心理素质、智力能力等综合运用起来，达到融合发展的程度，为学生参加足球实战比赛打好基础，增强实战练习的能力。这种将综合性与实战性相结合的教学方法可以从以下几方面进行。

1. 技术与技术合理搭配

高校在开展足球教学时，要合理搭配技术与技术之间的关系，做到连贯学习的技术之间相互联系、具有密切的关联和辅助作用。并且要根据学生的接受水平和已有能力合理地规划学习内容。

2. 技术与意识的结合

教师在讲解足球技术时要注重对学生足球意识的培养，帮助学生形成正确的足球意识，教师也要合理地安排足球教学环节和内容，顺应足球教学的规律，提高学生对足球技术的应用能力，使技术和意识进行良好的结合。

3. 技术与对抗能力的结合

足球教学势必要让学生具备良好的对抗能力，对抗能力是保证足球运动顺利进行的基础，教师教学足球运动时要适当地对学生进行对抗能力的培养。增强学生的对抗能力，促进足球技术手段与对抗能力的结合。

4. 技术与身体素质结合

教师开展足球教学需要考虑学生的身体素质，良好的身体素质是开展足球训练的基础，如果学生本身身体素质一般，教师一味高强度地给学生施压，那么势必会造成学生难以承受压力，足球学习效果不佳，甚至产生损伤身体的危害。教师在开展足球教学时要科学合理地规划教学内容，妥善安排教学的课时量、强度、每课时长等要素，使足球战术训练与身体素质培养相结合。

5. 在模拟实战中练习技术

当足球技术训练达到一定程度之后，教师要组织学生参加实战训练，让学生在实战的模拟环境当中，体会真实足球比赛的过程，提高学生应对实战的能力，避免在实际比赛中出现不适应、失常发挥等状况。

（三）感觉、思维与实践相结合

足球运动需要多方共同配合，综合调动各方力量来形成默契，共同赢得比赛。从参与者的个体来说，需要参与者调动自身身体技能的各个方面，例如，听觉、视觉、思维、操作动作等，来协调配合，灵活应对比赛场上的各种状况，做出机智、合理的判断。在教学时教师也应从以下三个方面着手。

1. 利用多种直观感觉手段

足球运动是注重实践操作的一项运动，很多教学内容单靠语言讲述难以准确形象地表达出它的含义，教师在运用语言进行讲解的同时，要充分借助于各种多媒体技术设备，通过图片、视频、影片、比赛录像等媒介来展示足球运动当中的动作技能和手段，帮助学生以直观形象的方式感知足球教学内容，更好地理解足球训练动作和技能。

2. 运用直观感觉手段要有针对性

高校开展足球教学面对的是大学生这一群体，要充分考虑大学生的各项要素，体现出针对性，比如学生的性别、年龄、学习目的、身体素质、理解能力等各项要素都对学生学习足球运动具有重要影响，并且不同个体之间具有个体差异性，教师要尊重个体之间的差异性，因材施教，采用针对性的手段对不同学生开展足球教学，比如对于技术水平较低的学生，教师要多通过动作示范、图片等直观形象的方式帮助学生掌握运动技能；对于技术水平较高，理解能力较好的学生，教师可以适当地增加训练难度，多运用语言为学生讲解运动节能，引导学生学习更深层次的足球技能。

3. 正确处理感觉、思维与实践的关系

教师在进行足球教学时，一方面，巧妙运用直观教学方式帮助学生准确掌握足球运动技能；另一方面，引导学生正确处理好感觉、思维与实践的关系。

学生在进行足球学习时，最开始需要观看教师做出的动作示范，然后进行模仿、重复，接着再进一步地融合发展，灵活运用于实践当中，形成灵活思维。

（四）教师的主导性与学生的能动性相结合

开展足球教学需要师生双方共同的努力，即要发挥教师的主导性和学生的能动性相结合原则，师生之间形成融洽和谐的师生关系，协调推进足球教学。教师要充当课堂的引导者，组织管理学生，引导学生在足球教学中有序开展学习和训练，合理规划教学内容，激发学生学习的积极性，提高教学效率。学生要充分发挥自己的主观能动性，积极思考，创新发展个人能力，师生共同提高足球教学效率。

1. 树立正确的教学观

教师在开展足球教学时，首先要树立正确的教学观，以学生为中心，充分发挥学生的积极主动性，调动学生的积极性，避免片面的"教师中心论"，使教师一味灌输知识，学生被动接受，这样不利于学生学习足球运动，抑制了学生的创造力。

2. 以教师为主导

教师在足球教学中具有重要作用，不可忽视教师的引导辅助作用，在足球教学中，要以教师为主导，鼓励教师将自身的教学知识传授给学生，让学生学习、模仿教师的专业能力和专业素质，让教师的学识与修养在潜移默化中影响学生、改变学生，激发学生学习的兴趣。

三、高校足球教学的原则

（一）直观性原则

高校足球教学应遵循直观性原则，直观性原则指的是在足球教学中，教师通过动作示范、图片、视频等媒介以直观形象的方式向学生呈现出足球运动的相关动作、表现，学生通过调动自身的各种感官，比如视觉、听觉、运动觉等感知体会足球运动的操练方法和战术，提高学习成绩。鼓励学生不断创新思路，积极思考，对足球训练活动注入自己的理解，各项技能间形成有机的联系，从而提高教学质量。

（二）对抗性原则

足球运动是一项具有对抗性的运动，对抗性原则应该贯穿于足球训练全过程，让学生形成善于进攻、防守等对抗意识，能够合理地应对对手的进攻，及时防守，同时善于利用对方的弱点，果断进攻，占据有利地位。

高校足球教学中要想遵循对抗性原则，教师就要进一步分析、了解足球训练中进攻防守的规律，并充分利用这一规律，合理协调进攻与防守的关系，让学生学习掌握这一规律，在比赛中合理使用进攻与防守。

一方面，教师要向学生教学相关的进攻、防守知识，让学生理解这种对抗性原则的运行规律，引导学生正确处理进攻与防守的关系，妥善安排好相关课程的进度与内容；另一方面，教师要因材施教，针对不同的学生选用不同的教学方法，提高教学的针对性，并且丰富教学方法，激发学生的积极性和兴趣，合理规划教学进攻与防守的进程，使进攻与防守的教学互相制约，共同提高。

（三）实效性原则

高校中的足球教学要注重实效性原则，教师教学时要从实际出发，了解学生的身心发展特点，根据学生实际情况判断足球教学中的重难点，抓住难学、难练的问题，集中操练，突破难点，提高学生的掌握水平。使课堂教学效率得到有效地提升。

高校足球教学中遵循实效性原则应注意以下三点。

1. 不断研究改进教学方法

开展足球教学的有效手段是运用恰当有效的教学方法，科学合理的教学方法能够最大限度地激发学生的积极性，促进学生对足球运动的理解，准确掌握足球教学内容，提高教学效率。教师在开展教学前，自身也要加深认识和理解，不断研究改进教学方法，运用现代化教学手段，向学生学习足球运动提供更好的教学条件。

2．用唯物辩证法指导教学工作

教师要想顺利开展教学工作，必须坚持正确的指导思想，唯物辩证法是十分科学的思维方法，教师要坚持唯物辩证法，从学生的实际出发，抓住足球运动的本质，分析研究进一步突破足球教学重难点的方法。

3．及时调查研究，不断发现新问题

及时评估足球教学情况，考察足球教学效果，根据教学效果有针对性地调整、完善。

（四）主体性原则

学生是教学中的主体，教师在开展足球教学时，要遵循主体性原则，以学生为主体，发挥学生在课堂中的主体作用，教师的一切足球教学活动都要以学生的身心发展特点和需求为出发点，依据学生的情况规划教学内容，激发学生的主动性和创造性。

教师在遵循主体性原则的过程中要体现以下四点要求。

1．教师和学生双方共同参与，共同完成教学任务

高校开展足球教学需要。教师作为传授者和引导者，要发挥引领、鼓励的作用，让学生具有充分的发展机会，为学生展示自身才能提供足够的空间。教师要尊重学生的主体地位，一切活动以学生为中心，让学生在教师已有的知识水平基础上进一步发展创造，勇于探索、自觉追求更高水平的运动技能。

2．培养学生学习足球的兴趣

兴趣是最好的老师，学生是足球训练发展的主体，教师要积极培育学生的兴趣，激发学生的好奇心和进取心，引导学生积极思考，自主分析问题、解决问题，增强学习的动机。并引导学生明确自身的学习目标，鼓励学生将足球训练目标与自身的长期发展相联系，形成持久的动力，建立长期的发展规划，对足球运动产生热爱，勇于追求足球训练目标，保持长期的积极努力学习。

3．发挥教师的主导作用

学生具有无穷的发展潜力，需要一个专业的人士对学生加以训练培养，激

发出每个学生的潜在能力，这就要保证教师在课堂教学中能够发挥出主导作用，保证教师能够维持、推进足球课堂教学的发展，给教师以足够的空间发挥教学才能，设疑、讲解、比较、操练等方法启发学生的思维，引导学生获得新成果。

4. 建立民主平等的师生关系

师生是足球教学中的互动双方，教学活动离不开师生共同的努力与协作，在教学过程中，为了促进足球教学活动顺利进行，要营造一个健康良好的师生教学环境，学生要尊重教师，肯定教师在教学活动中的重要性，教师要尊重每个学生，肯定学生具有个体差异性，尊重学生的个性，以科学方法培养学生个性化发展。

第三节　现代高校足球运动教学设计与课程实施

一、高校足球运动的教学设计

（一）高校足球运动的课程特点

高校足球运动课程，具有以下三个特点。

1. 趣味性

兴趣既是学生学习足球的诱因，也是坚持足球运动的动力。学生正处于学习发展的阶段，对很多事物都感到好奇，足球运动的趣味性能够激发学生积极参与训练的动力。因此，教师在足球训练课堂上要积极创新，增加足球运动的趣味性，吸引学生主动参加训练，可以利用巧妙、有趣的训练方法激发学生学习的动力，在训练过程中营造活泼愉快的训练氛围，给予学生一定的发挥空间，让学生体会足球的运动之美。另外，教师在指导学生训练时，要及时肯定学生的好的地方，增强学生在足球训练方面的自信心，提高自我效能感，逐渐培养出学生对足球运动的热爱之情，从而乐于坚持学习足球运动，甚至将足球运动作为人生的奋斗理想，推动我国足球运动事业的发展。

2. 实践性

足球课程，是采取以学生实践活动为主的教学方式。通过形式多样的教学活动。让学生走进足球场，感悟足球运动，主动学习足球技能。通过足球运动使学生了解足球、认识足球，提高学生身体素质，提升运动能力和足球意识。

3. 竞技性

足球运动的最大特点是它具有很强大竞技性，需要多个球员互相协调配合，共同合作，在比赛中战胜对手，赢得比赛。竞技双方在绝对公平、公正的前提下，通过良性的竞争。提高学生比赛能力、团队配合能力，在比赛中养成良好的心态，失败时不气馁，成功时不骄傲，培养积极向上和顽强拼搏的精神。

（二）高校足球教学目标的设计

大学生处于学习发展的高峰期，在对大学生进行足球教学时，应当明确树立足球教学目标，为学生准确提高训练水平指引方向。足球教学目标的设计是足球运动教学的只有好的、符合具体教学实际的教学目标才能为体育教学指明正确的方向。

1. 目标设计的要求

（1）具体性。教师在设计足球课教学目标时应当紧密联系学生当下需要学习的训练内容，根据具体内容选择恰当合理的教学目标，为学生训练具体动作时提供有效的指导，并提出具体的达标要求。

（2）准确性。足球教学目标的制定必须满足准确性这一要求，对于足球训练中具体动作的规定标准应当符合实际要求，如果教学目标与实际不符，则会导致学生的训练动作不规范。

（3）明确性。足球教学目标应当具有明确性，任何目标的规定都应当是明确、清晰的，如果目标设置的模糊不清、模棱两可，那么教师难以依据这一标准对学生提出要求，并且学生也难以根据目标采取具体的、统一的行动，这对训练活动的开展具有严重的负面影响。

（4）灵活性。在保证足球教学目标明确且准确的同时，也要保持训练目标的灵活性，这不与其他特性相冲突，因为不同训练阶段的训练目标不同，并且同一阶段的足球训练，如果面对不同水平的训练对象也要灵活改变训练目标，尽量符合学生的身心发展特点，而不是僵化地让所有学生采用统一的训练标准，接受一致的训练内容。

2. 目标的编写步骤

（1）学习和掌握纲领性文件。高校开展足球教学是非常有意义的学习活动，在开展足球训练活动之前，高校应当组织教师认真学习、研读足球运动的纲领性文件，在对足球运动的本质内涵、教学方法、发展趋势等方面详细了解的基础上有针对性、有步骤地开展足球教学工作。

（2）编写层次教学目标。教师掌握了足球训练的全面内容之后，应当将足球训练的各个环节加以分解，分层次地逐步开展训练，结合学生的学段设计训练内容，并根据学生的训练水平编排教学内容，遵循足球训练发展的规律。根据足球教学总目标，依次设计出各个学段、各个领域、各个水平的具体目标。

第一，足球课程教学目标。根据国家有关足球训练应当达到的目标与要求，教师在设计教学目标时需要引导学生达到的目标包括：① 能够理解、掌握并运用足球训练中的基本动作；② 学习并理解足球运动方面的理论知识；③ 通过足球训练，锻炼学生的体质、促进学生身心健康发展，并从长期角度形成积极运动、乐于锻炼的生活方式；④ 在足球训练过程中培养学生的自信心和社会的责任意识，磨炼出坚强的意志力，具有吃苦耐劳、顽强拼搏的精神。

第二，大学学段足球课程教学目标。教师应结合实际将足球相关课程标准中提出的学习目标进行完善、补充，根据训练内容从短期、中期、长期角度设置训练目标，促进学生有条理、有计划地实现教学目标。

大学学段足球课程教学目标是养成通过足球锻炼身体的习惯，熟练掌握足球技能和战术；完善足球健身意识与行为；积极参加各种比赛，丰富实战经验，具备稳定的技术水平，增强位置意识；掌握整体攻守战术要素，具备较好的协调性、灵活性、速度、爆发力等能力，具备良好的合作意识和社会责任意识，形成坚强的意志品质，培养出全面发展的综合素质，有自己独特的创造性。

3. 目标的陈述方法

足球训练的教学目标通常需要涉及教学面对的对象、开展教学活动的客观条件、具体实施的教学行为和大会指导作用的教学标准等要素。因此，教师应当系统地了解和分析足球教学目标的各项内容，分层次地实行足球训练目标，逐步提高学生训练水平。

（1）条件表述。条件表述指的是教师在进行足球教学时，要引导学生掌握足球运动技能，衡量学生掌握足球技能的标准应当是学生能够根据所提供的训练条件熟练地表述出某一动作的具体操作及注意事项。比如教师要求学生能够在自学足球教材之后，说出脚内侧踢滚动球的动作要领，这一要求中的条件是让学生经过自学教材后准确说出动作要领。

（2）行为表述。在我国以往的足球教学过程中，教师在设立教学目标时，通常会使用到"理解""掌握""发展"等词汇，这些词并不具有明确性和准确性，教师在实施这些标准时，难免产生模糊地带，不利于准确地指导学生某些具体动作，容易引起不必要的误解。正确的表达方式应当是使用到动宾结构的短语，能够具体说明训练内容的规范。

（3）标准表述。所谓的标准表述，是指能够具体的描述出行为的结果。教师通常会从学生训练中动作的速度、准确性和质量等方面来判断。例如，要求参加训练的学生能够连续颠球 50 次；要求学生能够正确完成 30 米运球绕杆，连续 5 次计时中至少有 3 次不超过十秒钟。

（三）高校足球教学内容的设计

教师开展足球教学内容时，需要对教学内容进行详细的了解和分析。足球教学内容即指教师为了达到训练目标，帮助学生具备足球竞技能力而规定的应掌握的足球知识和技能。足球教学内容十分丰富，要想让学生逐渐掌握这些内容，教师则需要根据训练内容的难易度和结构类型进行分阶段教学，同时结合学生的训练水平和身心发展状况合理规划训练内容，制订训练计划。

在分阶段实行足球训练计划时，要做好每一阶段的教学，在阶段内对学生的训练表现进行考核评价，帮助学生完善提高本阶段的训练水平，同时要注重阶段间的联系与过渡，在跨阶段训练时，教师需要做好阶段的衔接，定期复习巩固学生已掌握的运动技能，加深学生对运动技能的掌握，避免学习过程中的后摄抑制效应。

另外，训练项目之间的联系也有多种形式，比如项目之间采用序列联系形式的话，就要求教学内容的各个部分按照发展的顺序依次掌握，各个部分之间可以独立开展，并没有太多内部的联系；如果采用部分与整体的练习形式的话，那么教师首先应当让学生掌握各个部分的训练技能，之后在此基础上，引导学生将这些部分融合发展，建立深层次的内部联系，最终形成一个整体的综合联系。

1. 内容的选择方法

在选择足球教学内容时，教师要充分考虑学生的需求和身心发展水平，并在教学目标的指导下，科学合理地选择教学内容。选择教学内容时，应当注意以下三点。

（1）教师要提高个人对足球教学内容的认识，深入挖掘足球理论知识，同时结合训练实践的经验进行全面规划。然后，在确立教学内容时，遵循足球运动的规律，按照足球教学大纲的要求，合理规划教学内容；并以提高学生训练水平为目标，增加教学内容的教育性和科学性，并系统讲解知识和技能。

（2）教师要把握教学内容的价值和意义，使内容符合足球竞赛的要求，增加足球训练的实用性，体现出内容的趣味性，激发学生积极参与训练的积极主动性。

（3）教师要坚持训练内容指导思想的统一性和教学方法的灵活性，促进学生全面发展。

2. 内容的安排分类

足球教学内容的安排要从教学内容的难易程度、重要程度等方面进行分类，一般将足球教学内容分为以下四个部分。

（1）介绍内容。这部分教学内容难度较低，锻炼价值也比较小，主要是一些平时训练中很少会用到的足球技术，为了确保学生训练课程的系统性，这些内容也需要适当地进行讲解，一般安排少量的课时即可。

（2）一般内容。一般内容的重要性略高于介绍内容，大多是一些有时会用到的训练技术，难度不高但是比较重要，教师在训练时应当安排一定的课时帮助学生掌握。

（3）重点内容。重点内容是学生需要掌握的主要足球训练技能和战术，这些内容具有很高的锻炼价值，教师在训练时要加强对这方面的训练，增加训练课时，让学生反复练习，提高足球训练水平。

（4）练习内容。练习内容是学生掌握足球训练技能的重要基础，教师需要组织学生反复练习，形成身体运动习惯，使学生在长期的坚持练习过程中，更加熟悉足球运动，具备良好的身体素质和心理品质。练习内容是学生平时训练中最容易接触到的部分，学生通过对这些内容的反复练习能够完善自身的运动能力，为追求更高水平的训练水平奠定基础，因此教师应当将相和谐内容融入平时训练的每节课中。

（四）高校足球教学方法的设计

1. 方法的构成要素

足球教学方法的设计，要以大学生本身的身心发展状况为基础，并根据足球教学内容的特点选择合适的教学方法，促进学生更好地掌握足球技术。足球教学中侧重于对学生身体实践方面的练习，与身体实践联系紧密的教学方法有游戏法、比赛法等，这些是足球训练的主要方法。下面主要说明了足球训练的教学方法。

（1）足球技术练习方法的构成要素。运用足球技术练习方法时，教师要遵循足球教学的相关原则，了解学生当前的训练水平和学习需求，教师自身也要认真研读教材，把握教材内容，充分借助于先进技术手段，科学高效地组织学生通过反复练习获得足球竞技能力。

练习法是足球教学中最普遍、最高效的方法，通过组织学生开展大量的练习帮助学生迅速熟悉足球技能，并在反复的练习中培养身体记忆，养成正确的动作习惯，有助于在比赛紧急时刻使学生迅速做出反应，及时抓住比赛时机，为最终赢得比赛奠定基础。下面主要分析一下足球技术练习法的各个组合要素，以便高校能够根据足球练习方法中的教学任务、对象和条件等各种因素，来选择出最恰当的教学方法，从而促进足球教学活动的进行。

第一，活动速度。活动速度指的是在足球训练时，学生完成各项练习的速度，比如奔跑速度、动作速度等。活动速度对足球竞技比赛具有重大影响，足球是一种对抗性运动，在双方竞争过程中，速度的比拼决定了哪一方先占领优势地位，因此教师应当在练习时，培养学生逐步由慢到快地练习活动速度。

第二，动作组合。足球运动中的动作组合指的是一系列的运动项目加以整合，形成完整的战略技术。学生在最开始学习足球动作时可以将足球动作加以分解，逐个练习，等到学生训练技术逐步提高，具备更高的水平时，教师要引导学生将动作整合起来，系统地掌握足球运动技术。

第三，练习次数。足球训练技术的掌握不只是依靠学生对技术动作和理论知识的掌握，还需要反复的练习，巩固学生已有的成果，但是在反复练习时要注意学生动作和标准性，教师要及时纠正学生不规范的地方，避免学生形成错误的习惯，影响训练水平的提高。

第四，练习人数。在开展足球训练过程中，需要对练习人数进行合理的控制，在初步进行学习时，练习人数应较少，这样才能更好地掌握和巩固技术；在巩固提高阶段，训练活动对人数的控制就适当地宽松了很多，如果要提高学生某一项足球技术的水平，突破难点，就可以安排人数较少的训练活动；如果是一些需要多个球员共同配合完成的训练活动，就可以增多训练人数便于训练活动的顺利开展。

第五，对抗程度。对抗程度指练习对手参与的激烈程度。足球运动是典型的对抗性竞技运动，在学生最开始学习足球运动时，不具备对抗能力，教师应当在起始阶段降低足球运动的对抗性，等到学生随着训练活动的开展，逐渐提高竞技水平时，教师应增加有关对抗性的训练，帮助学生适应足球比赛的激烈竞争。

第六，辅助练习器材。足球训练涉及一定的器械工具，比如标志杆、足球墙等，教师应当引导学生科学、合理地使用足球辅助器材，提高训练的效率。

第七，练习信号。开展足球训练必然会涉及训练信号的使用，教师在教学时可以通过哨声、口令、手势等动作信号指示学生进行练习。这些训练信号具有不同的作用，在学生初步接触足球训练时，教师更适宜采用口令、哨声等信号，从刺激学生听觉系统的角度指导学生进行训练，在巩固提高技术动作时教师可通过做手势等视觉信号指导学生，这在一定程度上提高了学生练习的难度，有利于培养学生综合调动各种感官协调配合。

（2）足球战术练习方法的构成要素。开展足球战术教学需要教师根据学生的实际训练水平，身体发育情况、比赛中训练任务的要求等方面进行综合考虑，进而制定出有效的战术训练方法。因此教师只有对这些影响因素进行足够深入的研究，才能合理、准确地运用好战术训练方法。足球战术训练方法包括多个要素，具体包括以下六点：

第一，场地。

小场地。小场地范围有限，便于球员对足球场地的掌控，在局部短传上具有很大优势，并且有利于球员快速传球、带球过人等操作的实施。

大场地。大场地活动范围大，球员运动的自由度更大一些，方便球员之间互传中、长距离的球，考验球员的有氧和无氧耐力，适合大范围的竞争训练。

宽短场地。宽短场地便于球员在竞技训练中增强自身的攻击与防守能力，培养球员练习集中力量与攻防策略的战术。

狭长场地。狭长场地有利于培养球员在实战训练中善于进攻的能力，并掌握突破对手围攻的技巧和直传球等运动技能。

第二，球门。进行足球战术练习时，为了提高战术练习的效果，可以设置一个攻守目标，因此将球门作为攻防战术练习的目标，从而使球员的攻击目标更加清晰明确，集中进攻力量，合理部署战略战术。足球战术练习中共有四种设置球门的方法：① 设一个球门，这样设置有利于培养学生集中进攻与防守目标的能力，一般用于特定战略战术的训练；② 设两个球门，有利于培养学生合理分配攻防力量，掌握合理转换攻防技能的方法，提高整体协调能力；③ 设多个球门，这种训练方法旨在通过全方位的训练培养学生合理部署战略战术的能力，全面协调攻防策略，突出训练的动态性特点，提高学生的随机应变能力；④ 设"大球门"，这种方法主要将整个球门线或中线、半场边线或其中的某一段作为"球门"进行足球战略战术的训练，有利于提升学生进行集中攻防的能力。

第三，练习人数。开展足球训练时，参与训练的人数也会影响足球竞争的结果，教师应当合理分配训练人数，如果训练人数过多，学生施展训练技术的空间就越小，因此会导致学生们的训练难度加大，对于初步接触足球训练的学生来说，难以达到训练效果，人数较多的训练方法适合于足球竞技技术较高、能够熟练运用各种战术手段的足球队伍。

第四，练习分组。

位置组：根据场上队员的位置和职责分组。这种方式有利于促进学生之间的分工合作，明确每个人都职责，每个人各司其职，协调配合，形成有机联系的整体。

能力组：根据学生的训练水平进行分组，有利于能力突出的学生发挥才能，增强他们的自信心和自我成就感，进而激发他们进一步积极训练的动力。

"线"组：按照处于同一条线上的球员的标准将位置接近的球员依次分到一组进行训练，有利于球员间协调能力的提升，促进球员间密切配合。

随意组：随机分组，各小组临时互相合作，练习所要求的训练内容。

总而言之，不同的战术训练方法各有其训练的功能与优势，教师要根据不同的训练目的采用不同的训练方法，合理高效地开发学生的运动潜能。

第五，练习区域。练习区域影响学生在场上的活动幅度，一般在学生初步接触足球运动阶段，适合在较大的练习区域，学生的自由度更高一些，发挥空间更大；等到学生的训练水平发展到较高水平时，教师可以缩小练习区域，增加训练的难度，进一步锻炼学生的训练水平。

第六，对抗程度。足球比赛是一项对抗性很强的体育运动，在实际比赛中学生将面临非常激烈的对抗性攻击，因此在实战训练时，教师应当尽可能地培养学生适应在激烈的对抗性条件下稳定发挥竞技能力和采用战略战术的能力，为之后在足球比赛中巧妙应对对手的攻防战术奠定基础。

2.方法的选用依据

高校要想提高足球教学效率，需要选择恰当的教学方法，在选择足球教学方法时，必须明确方法的选用依据。教学方法的实行需要教师和学生共同参与，教师首先需要提升自己的能力，包括深入学习系统的足球训练理论知识，积累丰富的实践教学经验，认证观察学生的训练情况，为教学方法的创新丰富提供思路；学生在训练过程中应当积极配合教师的训练工作，根据自身的训练情况及时与教师进行沟通、交流，不断完善改进教学方法，推动足球教学的进步与发展。

（五）高校足球教学评价的设计

要想科学、合理地开展足球教学，教师应该定期对学生的训练表现进行评价。足球教学评价可以分为终结性评价和形成性评价。其中教师通过定期对学生进行体能、技能、合作精神等方面的评价称为终结性评价；另外，教师也要适当结合形成性评价方法对学生进行多角度、全方位的评价、判断。同时教师要完善评价方法，结合多个对象的评价建议对学生的足球训练表现进行全面客观的分析。

形成性评价，指的是教师在足球教学过程中，关注学生的学习效果，以训练目标为参考依据对学生的训练表现加以评估判断，引导学生及时调整训练，高效进行足球训练。终结性评价指的是以训练目标为指导方向，通过关注学生阶段性的表现，了解学生所处的训练水平及存在的不足，进而在学生当前表现的基础上调整训练策略，引导学生改进技术，提高技术水平。在足球教学过程中，要注意两者的相互结合，以终结性评价为目标，以形成性评价为依据，注意科学有效、循序渐进地进行足球教学。

高校开展足球训练课程，其根本目的是培养大学生足球训练技术，增强足球训练能力，在足球竞赛中取得优异的成绩。因此，在具体的教学过程中，教师要坚持以提高学生足球竞技水平为目标，通过多种教学方法实现学生训练水平的提高。

二、高校足球运动的课程实施

(一) 高校足球教学文件的制定

1. 教学大纲

教学大纲，是教师开展教学的重要指导纲领，对恰当地开展足球训练课程具有纲领性的作用。衡量一位教师的足球教学课程是否正确、合理，教学大纲是重要的参考依据。

(1) 教学大纲的内容。

第一，说明。说明是教学大纲的重要组成部分，明确了教学大纲的要求、原则、制定的参考标准等，并就教学大纲的内容提出具体详细的操作措施。

第二，教学目的要求，主要阐述足球教学的具体任务。这项内容包含了教学大纲的相关理论知识和技术操作方法，并提出要培养学生的专业素养、品德素养、个人品质等一系列内容。

第三，教学内容及时数分配，说明教学工作应当实行的教学内容、课程的时间分配、内容安排、课程时数等项内容。

第四，教材及参考书，说明足球教学课程中，学生应当学习的教材书和参考资料，确保学生有足够的专业知识作为理论基础，丰富自身的专业素养。

第五，教学设施，足球训练及比赛时所用到的相关设施，比如计时器、口哨、球衣、足球、足场地等基础设施。

第六，考核内容和方法，即对足球教学理论知识和操作技能的考核，考核方式又分为书面和口头上的；考试形式和考察形式等，对于不同内容选用不同考核方式。

第七，成绩评定，即教师对学生进行成绩评定时，要考查学生的足球训练成绩，即理论知识和操作技能方面的表现，同时也要考查学生的思想品德和行为素质层面的表现，最后按照一定的比例进行综合评定。

（2）制定教学大纲的基本要求。

第一，制定教学大纲时，要以课堂教学实际为前提，根据实际情况合理完成教学任务，实现教学目标，不能够超越学生及教师的实际情况开展足球教学工作。

第二，开展教学要注重理论与实践相结合，结合学生的身心发展特点和足球运动的特点，对教学内容加以规划安排，促进学生理论知识和基本运动技能方面的发展和提高。

第三，根据教学目标和学生的实际情况合理规划课程的教学安排，课程的数量符合学生学习的节奏，能够合理地开发出学生的潜能，有效完成教学任务。

第四，在开展足球运动教学时，确保教学内容的科学性和完整性，符合足球运动发展的规律和学生身心发展规律。

第五，足球教学中选取的考核内容要突出足球理论知识的特点，引导学生积极学习理论知识，打下良好的理论基础；并且要考查学生的基本操作技能，鼓励学生理论与实践相结合，完善考核评价方法，尽量准确地反映学生的真实水平，给予学生准确的反馈。

2. 教案制订

（1）准备部分。准备部分主要说明足球课程的教学内容和相关的要求，激发学生的学习主动性，引导学生做好准备工作，顺利进入足球学习课程。教案的内容包括训练学生足球方面的基本功，锻炼学生体质，时长控制在 15 分钟左右。

（2）基本部分。基本部分主要用于让学生学习足球的相关专业技能，提升自身的身体素质，引导学生学习足球方面的基本理论知识和运动技能，深入学习足球训练当中的战略战术，提升足球训练水平。在具体操作时，要按照教学环节循序渐进，依次学习教学内容，分清主次，突出重点。通常需要时长 80 分钟左右。

（3）结束部分。结束部分表明学生的足球学习已经进入尾声，教师要组织学生对本次课的内容进行一个简单的回顾和复习巩固，组织学生进行互相按摩、舞蹈等轻松娱乐的内容，使学生慢慢进入放松、平静的阶段，并就本次课的表现进行简要又恰当的评价。这部分时长控制在 7 分钟左右。

（二）高校足球教学的组织实施

1. 足球理论课

高校足球理论课，主要以教师讲解为主，指的是在足球教学中，教师向学生传授足球运动方面的理论知识，比如足球运动的发展演变过程、足球的优势、不足、训练益处等，还包括足球方面的专业技术、战略等，引导学生对足球这一项运动有一个基本的了解和认识，便于学生在之后的实践训练当中，能够运用理论知识指导自身实践能力的发展。

2. 足球实践课

（1）准备部分。足球实践课的准备部分主要目的是让学生通过适当的身体训练，唤醒学生的身体机能，提高身体适应能力，为学生顺利开展足球训练做好身心准备。具体来说，准备工作主要包括一些简单的身体活动，比如锻炼基本的体操、带球绕场跑等活动，让学生的身体活动起来，逐渐调动起情绪，处于兴奋状态。而且准备部分的活动一般以集体活动为主，必要时也可根据天气、环境、学生身体状况等要素进行调整。

（2）基本部分。足球实践课的基本部分是课程的主要部分，是教师开展足球训练的集中阶段。这一过程要求教师根据学生的学习水平，结合足球训练课程的进度合理安排，运用多样化的方法对学生进行足球技术上的训练。首先教师将提前设计好课程的教学内容，在课上为学生进行讲解示范，引导学生进行模仿、重复，掌握学习成果，接着就本次课的内容，向学生布置一定的作业任务，给予学生足够的空间和时间，反复练习，巩固技术成果，提高训练水平；然后教师再根据学生已有的训练水平进一步提高难度，提升学生的训练水平。

此外，对于学生训练过程中出现的问题和失误，教师要及时纠正；对于学生的表现准确记录，并作出准确得当的评价，教师也可以根据学生的表现，及时调整教学方法，因材施教，提高教学的针对性，促进足球训练高效、顺利地开展；教师在教学过程中注重学生的身心健康发展，提升学生的身体素质，促进学生的全面发展。

（3）结束部分。足球实践课的结束部分主要用于使学生从课堂的紧张、兴奋状态中摆脱出来，逐渐归于平静的状态，与准备部分的活动相似，也会采用一些集体性的练习活动。并且教师会在结束部分对学生的表现进行总体的评价，肯定学生的优点，指出仍然存在的不足，指引学生进一步努力的方向，最后布置适当的作业任务，并提前告知学生下次课的教学内容。

3. 讨论课与实习课

（1）讨论课的组织实施。足球讨论课主要任务是培养学生的语言表达能力，教师根据学生们的讨论、交流，了解学生当前存在的问题，已经具备的足球技术水平和认知程度。此外，开展足球讨论课还可以培养学生的分析能力和观察能力。具体开展环节主要是教师首先说明本次课将要讨论的内容，将学生按照自愿原则进行分组，给予学生一定的时间进行讨论，并让学生进行相关的记录；一段时间之后，教师引导学生表达自己的想法，对于其中的疑惑，教师可以引导学生找到解决办法，或者由教师提出解决措施，最后对本次课的讨论成果进行总结梳理，评价学生们的讨论情况。

（2）实习课的组织实施。足球实习课主要以学生为主体，让学生发挥自身的能力，组织开展教学训练活动，有助于提高学生的教学训练能力和组织能力等。具体操作过程，具体包括：①由教师先确定好足球实习的人数，接着指导学生进行适当的准备活动；②由学生自主进行足球活动训练，教师则进行观察记录；③教师将根据本次课的训练情况进行评价，学生在课后写出自己的实习报告，加深本次课的认识。

（三）高校足球教学的工作总结

足球教学课程结束之后，教师要进行教学工作总结，对教师自身的教学情况进行总结、评价，这有助于教师反思自己在教学工作中的问题和不足，发现自身存在的问题，总结出教学工作中的经验，为进一步改进教学提供参考资料。

足球教学工作总结的内容，主要分为以下三个方面的内容：

第一，基本情况介绍。基本情况主要包括足球训练课程的性质、教学目标、教学设计、学生基本情况等内容，为顺利开展足球教学提供基本背景材料和方向指导。

第二，教学过程介绍。教学过程是足球训练活动的重要环节，在这一环节，教师将开展足球训练工作，学生将参与足球训练，解决训练过程中存在的问题，创新足球训练发展水平。

第三，教学过程评价。这一环节主要由教师来开展，教师通过观察学生课堂上的表现，肯定学生表现优秀的地方，对于学生存在的不足及问题，教师要加以系统分析，进而从根源上指出问题，指出学生进一步努力的方向。

第五章　现代高校足球运动训练活动分析与实现

第一节　现代高校足球运动的训练计划与目标

"足球是一项起源较早、对抗性较强的运动，一套科学完善的训练方法可以事半功倍地提高足球运动水平。足球运动的训练方法不是固定不变的，它处于逐渐变化的动态过程中。训练方法的制定需要考虑诸多因素的影响，需要在科学研究基础上确定训练方法。[①]"足球训练需要多个球员共同参与，协调配合，向着一个共同目标布置战略战术，最终取得胜利的过程。足球训练考察到队伍中每个人的协调配合能力和应变反应能力，球员需要锻炼出敏捷的临时反应能力和高超的技术水平，并要有一套智慧恰当的训练计划，提高训练效率，为实现训练目标打好基础。足球训练过程中的训练计划不仅包括训练内容和方法，而且还包括明确的训练目标。

一、高校足球运动的训练计划

（一）训练计划制订的意义

足球训练是一项系统工程，是一种分层次、分时段、有组织、有目的、有

---

① 符强. 足球训练方法的科学性研究 ［J］. 运动，2012（16）：25.

步骤、有控制的训练活动，这一活动的开展极大地激发出学生的发展潜能，促使学生提高足球竞技能力。高校要及时制订足球训练计划，训练计划是实施训练的指导方针，对足球训练的顺利开展具有方向性指导作用。训练计划是足球训练实践开展的设计蓝图，有利于帮助球员明确训练目标，分阶段规定球员的任务，监督球员各个阶段的训练水平是否达到了预期的标准。

（二）训练计划制订的内容

1．实施最初分析

教练员通过最初分析详细了解每个球员的身心发展状况、个性特征、现有发展水平等各种要素。

2．确定训练目标

训练活动的开展首先要确立一个明确的训练目标，以目标为导向，从而确立各个阶段的训练任务、训练方法、训练节奏等。并且训练目标的确立有助于对球员训练任务的完成度进行有效的评价。

3．制订详细计划

确立训练目标之后，足球训练就有了总体发展方向，接着就应该制订出详细的训练计划，通过训练计划将训练活动中的各个任务落实下去，确保训练活动有步骤地顺利进行。

4．实施课的训练

实施课的训练这一环节主要是实践环节，球员根据教练员的安排，按照训练计划依次练习，其中包括集体训练和个人训练；一般训练和专项训练（及时进行评价）。

（三）训练计划的制订方法

制订训练计划是以确定计划为目标的预测方法。尽量周密、完善的计划能够最大限度地避免训练中出现盲目性、随意性和片面性等问题，促进训练活动的顺利进行，提高训练效率。

1. 多年训练计划

多年训练计划是一种时间周期较长的训练计划，对足球运动员的规划较为长远，影响非常持久、重大，对球队的长期训练发展具有积极的指导作用。具体来说，多年训练计划要求训练目标要非常明确，操作的步骤科学合理，规划的时间节奏切实可行，符合球员身心发展规律。通常情况下，多年训练计划的训练周期为两年、三年或者四年，它具有阶段的连续性和内容的延续性，强调训练内容上的连续衔接。

教练员在制订多年训练计划时，主要需要遵循以下步骤来实施训练计划：

（1）对全队现状进行客观、全面的分析。制订训练计划之前对参加训练的球员进行全面的了解与分析，依次分析球员的年龄、性别、身体素质、心理承受能力、竞技水平等要素，尽量对球员做出全面客观的评价，使训练计划尽量适合球员的需求，提高足球训练效率。

（2）明确训练的指导思想及预期目标任务。一方面，明确足球训练的指导思想或发展理念，让球员把握足球训练的总体方向，确保足球运动的发展方向正确、合理；另一方面，教练员要坚持从实战需要出发这一原则，营造贴近足球比赛的实战训练环境，一切训练任务向比赛的要求看齐。

（3）合理安排足球运动训练负荷与比赛序列。在开展全程性多年训练时，要遵循不同的训练阶段对球员提出不同的训练负荷要求的原则。比如，在基础训练阶段，要适当地安排训练负荷，由少到多，逐渐增加，让球员努力适应训练负荷的变化，增强身体素质；在专项提高阶段，以年为单位逐渐增加训练负荷，可以较大的幅度来增加球员的训练负荷，并可以通过训练负荷的起伏变化来激发球员的训练潜力，了解球员的训练极限；在创新阶段，足球运动的训练负荷应该保持较高的强度、但是适当的训练量，使球员保持在高水平阶段，同时又不至于使球员过度疲劳。

（4）实施计划过程中，实时了解计划实施情况，并边实施边总结，及时改进计划。在了解计划实施情况的过程中，可以借助于足球训练考核制度、训练表现定期评估、球员的交流与反馈等方面来进行了解、判断。

2. 年度训练计划

年度训练计划是以年为单位的训练计划，时间周期较长，为球员整年的训练活动制订了计划，它以教练员长期的训练经验为参考依据，并根据球员之前的训练情况和球员现有水平进行下一年的年度计划，制订的计划通常比较详尽、完整，是球员和教练员开展训练活动的实施基础。

训练计划作为一种设计方案付诸实践时，会与实际训练间产生一定的矛盾，教练员要视情况进行调整，但变更时不应改变原文件，以便通过前后计划文件的比较分析，找出问题症结。在执行计划过程中，教练员还应养成收集资料和数据的习惯，以便不断地积累经验，提高预见和运筹能力。

(1) 全面分析球队的训练情况。制订年度计划之前需要对球员上一年的训练情况有一个全面的了解，详细分析球员之前的训练水平，当前的身体状况、心理承受能力、训练积极性等，作为制订下一阶段训练计划的背景知识。

(2) 确立足球训练的指导思想和本阶段的训练目标。足球指导思想应当以我国长期以来的足球训练方针为基础，确保足球训练的大方向保持准确、合理。明确本阶段的训练目标时应当充分考虑足球尊老最终的训练目标、本阶段在整个训练过程中所处的地位和作用、球员当前的训练情况等。

(3) 明确并完善训练的任务内容和主要手段。教练员应根据训练内容选择合适的训练方法，并结合足球运动员的个人身心发展特点设计适合球员训练的训练内容和方法；针对不同训练水平的球员设置不同训练难度的任务，提高球员训练积极性，增强自信心。另外，可以借助于现代科技手段，提高训练效率，为球员提供更优质的服务。

3. 阶段训练计划

制订阶段训练计划时要以全年训练计划为主要参考依据，在各个训练阶段中，教练员再就本阶段的训练内容科学合理地安排训练任务、实施进度、训练负荷等方面的具体内容。阶段训练计划通常以半年左右的时间为一周期，还可分为中期和短期的训练计划。制订阶段训练计划需遵循以下步骤。

(1) 教练员要将本阶段的训练任务和目标明确地制定出来，让球员明确地理解认识到训练发展的目标即具体的训练任务。阶段训练计划在制订时需要参考各个不同阶段的足球训练特点和足球训练长期的发展方向和任务，比如年度训练任务，来更加准确地制订出阶段训练计划，使计划能够有效地指导球员开展训练，体现出训练计划的操作性强的特点，符合球员的个性化发展。

（2）使本阶段训练时间与时数得到确定。确定训练时间及周数的主要依据是周期特点（全年单周期、双周期或短期集训）与周期的阶段性质（准备、竞赛、过渡）。但是，需要注意的是，一个阶段的时间最短不应低于两周。其中，准备期的训练时间可稍长一些；在足球竞赛阶段，根据比赛的需求，合理规定训练时长和训练内容，符合比赛的实际需求；另外，在过渡阶段的足球训练计划应当更加具有系统性的特点，一般是四周为一个周期进行过渡，让球员更好地进入下一阶段的训练。

（3）不同训练阶段的球员所承担的训练任务也是不同的，教练员应当根据不同阶段的足球训练任务对球员提出不同的要求，比如球员的身体素质、心理承受能力、足球竞技能力、战略战术等，从各个方面对球员做出相应的针对性训练。另外，足球训练的各个训练内容的比重也应当有所规划，有些占的比重较大，在足球比赛中具有较关键的作用，有的适当掌握即可，对于足球比赛的影响不是很大，起到过渡作用，因此，教练员应该有针对性地进行选择和分配。

（4）对训练负荷进行科学合理的安排。不同阶段的足球训练任务都有所不同，需要教练员对球员所处的阶段进行判断，并且不同阶段球员自身的发展水平也是不一样的，教练员也要考虑到这一点的影响，有侧重有规划地设计训练内容，尽量科学、合理地安排。如果是在基础训练阶段，教练员应当逐步增加球员训练的数量，增强球员的身体素质，锻炼出坚强的体魄，战胜困难，掌握基本的足球训练操作；如果是在球员已经具备了一定的训练水平，需要进一步完善发展时，教练员应当适当减少基础训练的强度，增加负荷强度；在竞赛阶段时，教练员设置的训练任务是特殊的形式，尽量呈波浪形变化任务量，让球员劳逸结合，提高训练水平的同时，不能让球员过度劳累，提高训练效率。

4. 周期训练计划

周训练计划指的是按照一周时间为一个训练周期进行的计划。周训练计划根据开展任务的不同，可以分为训练周、比赛周、过渡周、恢复周等类型。周训练计划属于具体的实施性计划。

训练周是以训练为主要任务而设计的，而运动负荷的安排多见于量和强度的交错叠加，即加量降强度，降量加强度。

比赛周主要是为保持球员良好的比赛状态制订的计划，目的是为球员在比赛能够发挥出最高的水平。如果是隔日赛，在赛后第二天，要分析总结上一场比赛，并研究下一场比赛任务和方案，然后制定赛前安排。如果仅有一场比赛，就应根据球队和对手的实情，有针对性地安排训练内容，合理控制训练负荷，保证球员在比赛前保持住最佳的竞技状态。

过渡周的主要任务是保证前后周训练在运动负荷、训练任务、训练内容等方面的衔接，多见于由加量转入加强度，由训练转入比赛等情况。主要目的是使队员逐步适应下阶段的任务。

制订周训练计划需遵循以下步骤。

（1）确定训练内容。开展周训练计划时，教练员应当充分考虑球员的身体状况、心理变化情况、当前训练水平等要素，再根据本阶段训练目标的要求，对训练内容做出合理的规划，在开展全面训练的同时，着重培养球员某一方面的能力。

（2）确定运动负荷。教练员应根据球员的竞技水平、身心状况、年龄、性别等合理安排训练负荷，在不同阶段实行不同的训练负荷，比如在基础阶段，不要施加太多的运动负荷，以免造成球员体力承受不住，在竞技比赛阶段，可以通过负荷量较大幅度的变化，激发球员的竞技能力，促进球员不断突破自己的运动极限，保持赛前的高水平，同时减少运动负荷时间，避免球员在赛前太过劳累。

（3）确定训练手段与方法。教练员应当根据训练内容和球员的竞技水平选择恰当的训练手段和方法，确保球员按照规划及时完成训练任务。

5. 课时训练计划

课时训练计划即指在周计划训练的基础上制订的具体到每一课时的训练安排，包括多方面的内容，大致可以分为三大类：① 训练课的任务、结构、时间、负荷以及训练方法、手段和组织；② 恢复措施；③ 场地器材、设备等课时训练计划。

制订课时训练计划需遵循以下步骤：

（1）确定训练课的任务。课时训练课的任务包括多方面的内容，比如身体素质、心理素质、足球战术、比赛等，而足球训练课的任务则是比较灵活的，既有单一性的又有综合性的。在具体实施过程中，教练员要按照学习、掌握、巩固、提高这一步骤进行训练。

（2）教练员应当合理评估球员训练课的运动负荷。教练员应当以球员前期的运动表现为依据，对足球课训练内容进行合理的调整，给球员施加符合球员身体承受能力的负荷量。

（3）积极准备球员训练所需的场地和器材。教练员首先要充分了解分析足球训练课的内容、手段与方法，根据对这些内容的分析对足球训练的各项要素进行合理的安排、规划，为足球训练的高效开展做好准备。

（4）拟定检评方法。教练员在组织球员进行足球训练时，应当对球员的表现及时记录、监督，并根据球员的表现拟定一个检评方法，帮助球员纠正训练动作；同时教练员也要定期就球员的表现进行总结反思，对自身的组织教学情况进行评估、完善，促进球员不断提高训练技术。

二、高校足球训练的目标

高校开展足球训练要制订一个科学、合理的训练计划，制订的计划要遵循由易到难、循序渐进的原则，并且制订训练计划离不开一个明确的训练目标，训练计划的最终目标是培养出优秀的足球运动员，取得优异的足球运动成绩，但是这样的训练需要很难一步到位，直接实现，必须要有一个系统的、科学的实施过程，从而在训练计划的指导下最终实现训练目标。

（一）总体目标

当前我国足球训练实行的是"举国体制"和"市场经济体制"相结合共同推动足球发展的足球训练体系，在平时的训练当中注重发展球员的运动技能，培养球员在赛场上的战略战术；加强球员的理论知识教学，提高道德素养，激发球员对足球的兴趣，从而热爱足球运动，追求足球运动技术的提高，促进球员的全面综合发展。

（二）技术目标

技术训练是足球训练的核心。技术训练的主要目标就是要使足球运动员循序渐进地掌握全面的足球技术，使各种技术能力协调发展，甚至能够形成特长技术。足球技术训练的目标主要包括以下几项。

1. 过人与射门

足球运动中，过人和射门是基本的、重要的运动技能，要掌握这两项技能应当做到以下要求。

（1）正确的跑动技术。在过人和射门中正确的跑动技术能使运动员保持身体的平衡，保持技术的稳定性。

（2）对抗能力。比赛中过人和射门一般发生在高对抗的情境下，因此，在训练中应充分体现对抗的特征，培养球员练就在对抗的情景下迅速、准确地完成过人和射门这两个技术动作。

（3）多样性。掌握不同距离和不同角度的射门动作，具备长距离和短距离运球后进行射门的能力。

（4）准确性。足球训练的动作必须干净利索，操作到位，在高速度和高对抗的情景下依然要保持动作的准确性。

（5）高难技术。在比赛中，球员运用铲球抢断、倒勾射门、鱼跃头球等高难度的技术，应对高对抗的环境下占据优势地位，运用高难技术应对比赛中的紧急局势。

（6）全面性。学习并巩固所有的过人和射门技巧，包括不同部位的运球和多种脚法的射门技术。

2. 假动作

学习不同的假动作并能在训练和比赛中灵活运用，在进行假动作练习时应该达到以下目标。

（1）逼真。逼真的假动作才能有效地摆脱防守。

（2）多次假动作。掌握不同的假动作，并且能连续使用才能有效地诱使防守队员重心偏离。

（3）变化。熟练运用多种不同的虚假动作，迷惑对手，令对手难以判断真伪，无法准确预测自己的进攻方向及策略。

（4）射门动作。通过有效的假动作创造射门空间。

（5）创造空间。借助于各种假动作迷惑对手，摆脱对方的防守压迫，创造出进攻的空间。

（6）变速。在比赛场上根据竞争的节奏，随时调整自己的速度或在对手围困队伍时，在实施假动作时改变速度，突破围困，掌握比赛的局势和节奏。

3. 传球

传球训练要充分考虑运动员的力量素质，低年龄段运动员力量弱，应以短距离传球为练习的主要内容。长距离传球不但难以掌握，也不易控制，而且随着运动员力量的增长，传球的技术结构还有可能遭到破坏。教练员应当采用正确的训练方法，增强球员的力量训练，从而逐渐提高球员传球的距离。

良好的传球技术应具有以下特征。

（1）准确性。传球时做到准确迅速地传给队友。

（2）预见性。传球不只是传给固定目标，还应对同伴队员的跑动进行预见性的判断，准确地传向同伴队员的预定位置。

（3）全面的传球技术。在平时训练时反复练习，熟练掌握传球的各种方式，在比赛中根据比赛情况巧妙选择最恰当的脚法进行传球。

（4）连贯性。做好传、停、运等技术的衔接，能用最快的时间把球传到指定位置。

（5）对抗性。在对抗性激烈的比赛当中，准确的运用传球技术。

（6）一脚传球。在不停球的情况下，准确地传球。

（三）战术目标

足球训练的战术目标是引导球员学习先进的足球训练战术，掌握全面的足球竞争技能和策略，推动足球运动快速发展。但是要注意的是，足球训练的战术目标也要遵循循序渐进原则，确保战术训练在逐渐发展的过程中推进，使球员由易到难、由少到多地学习掌握足球训练的战术，不同的训练阶段球员要学习不同的足球战术，符合训练发展的阶段和球员的训练能力，从而最终有效地提高足球训练水平。

（四）体能目标

体能训练目标要求开展足球训练时要密切贴合足球运动的特征，结合足球运动员的身心发展特点，对运动员提出体能方面的发展目标。在足球训练方面，运动员不仅要具备很好的有氧运动能力，还需要有高超的无氧运动能力。高校在开展足球训练时，还应培养运动员的各方面综合能力，比如自身的动作协调能力、面对对抗性竞争的反应速度和敏捷程度。并且要增强运动员的身体素质，锻炼出坚强的意志品质，在艰苦的足球训练过程中依然能够努力坚持下来，追求更高的发展目标。

（五）心理目标

足球训练的心理目标是培养球员的自信心，增强球员的意志力水平、自我控制能力和竞争能力，培养球员良好的心理素质，足球运动是个艰苦的运动项目，没有坚定的决心和坚强的意志力很难坚持下来，足球运动员都具有很强大的心理素质，教练员在开展训练时也要有意识地设立心理目标，培养球员良好的心理素质，并将坚强的心理素质融入实际训练当中。

第二节　现代高校足球运动基础性训练实施

一、高校足球运动训练的基础

由于足球运动在我国越发引起重视，高校足球运动也开始发展起来，足球训练课程也逐渐更新完善起来，目的是追求更高水平的足球训练技术，同时足球训练课程的顺利开展也离不开科学、合理的规划。要想让学生更好地掌握足球训练技能和相关的理论知识，必须学习系统、全面的足球理论知识作为理论支撑。

（一）高校足球运动训练的特征

1. 实战性

足球运动是一项竞技体育运动，比赛场上具有明显的实战性特征，大学生在参加足球训练时要着重培养自身的竞技体育能力，才能在比赛场上争得优势，取得成绩。因此教师在对大学生进行足球训练时，要突出足球训练的实战性特征，设计训练活动时要以实战竞争为出发点，增强学生这方面的能力。在运动教学方法时，教师可以运用观看比赛录像等实战性较强的直观教学方法，引导学生准确把握足球训练的战术和技能，培养大学生良好的实战性能力。

（1）对足球运动的专项特异性进行全面、深入的分析，对足球运动的特点特别是足球运动员的竞技能力构成要素作出正确的分析，对足球运动特点的分析将成为教师在开展足球训练时选取合适得当的训练内容的重要基础。

（2）开展足球训练要对参与者的实际身心发展状况进行详细的了解和分析，合理评估参与者的已有足球技能水平以及潜在的发展能力，并将这些因素作为开展训练的前提和基础，为教师确立合理的训练目标提供参考依据。

（3）教师应该结合大学生的具体身体状况设计针对性的训练计划，合理安排教学内容，避免超出学生的运动负荷或者训练量太少，难以有效地提高学生的足球训练水平。

另外，在开展足球训练过程中，教师要注重培养学生的身体素质，锻炼学生的心理承受能力，增强意志力，引导学生协调配合自身各方面的身体机能，顺利进行足球训练。

2. 适应性

人的身体机能具有适应性，在开展足球训练的过程中，教师要遵循学生身体的适应性特征，根据学生的身体发展状况，给予合理、恰当的训练强度，让学生能够顺利地适应足球训练的内容强度。等到学生随着训练活动的开展，逐渐增强体质之后，再进一步增强训练的强度，但是强度不要增加得太大，避免远远超出学生的负荷，难以适应训练强度，出现训练效率低下的现象。在开展训练时，准确合理地把握学生的适应程度就非常关键，只有合理利用学生的适应性特征，才能最大限度地提高足球训练效果，这一方法也印证了适宜负荷原理的观点。

在开展足球训练时，如果教师对学生施加的训练强度太小的话，那么就难以使学生达到锻炼身体机能的目的，对于学生足球技术能力的提高没有帮助，因而降低了足球训练的效率；然而如果足球训练强度过大，已远远超出了学生的身体负荷，学生根本无法承受这样的训练强度时，则可能会导致足球训练活动难以开展，甚至产生非常严重的后果，造成学生身体机能的严重损伤，对学生身体机能产生不可恢复的伤害，同样也不利于训练效率的提高。只有在适度的训练强度下，才能有效刺激到学生的身体机能，逐渐增强他们的身体素质，不断提高训练水平，持续发展。

3. 整体性

足球训练过程中的整体性特征主要体现在训练的最终结果要实现整体的提升与发展。足球训练过程包含了部分和整体的关系，教师要进行足球训练教学时，必须将足球训练内容分解为多个不同的部分，引导学生依次学习掌握各个部分的内容，学习各个足球训练技能，掌握每个足球训练的理论知识点，逐渐积累，将各个部分有机整合起来，形成相互联系的整体，从而最终实现足球训练的目标，在体育竞技场上赢得比赛，取得荣誉。并且教师在对学生训练水平进行评价时，也要考虑到整体性特征，从学生的整体发展水平来看待，而不是单单从某一方面或者某一次课堂来对学生的技术水平下定论，要持有全面发展、整体分析的观点去看待学生的训练表现。

此外，学生的足球竞技能力是多方面因素共同作用的结果，教师在训练学生时，不要仅仅关注学生的身体素质或者训练成绩，也要关注学生的心理发展状态，注重培养学生的综合素质和个人的意志品质、道德修养，这些都会影响到学生的足球训练发展水平。

4. 可控性

体育训练活动在开展之前需要确立一个明确的发展方向，确保体育训练在可控的范围正常运行，避免出现体育发展方向出现失控的现象。目前在足球训练过程中体现出来的可控性特征主要为教师在教学足球运动技能时，对学生训练强度的控制、对训练内容、场地、时长、方法与形式的控制等，使得足球训练过程更加精准、完善，能够有效地提高足球训练的效率，为学习足球运动的学生提供更优质的服务，为足球运动的迅速发展提供强大的动力。

5. 连续性与阶段性

足球训练过程中，教师要不断向参加训练的学生增加训练强度，但是要遵循学生自身的身体发展素质，循序渐进地增加强度，在学生训练的不同阶段，配合以恰当的训练强度，不能够短时间内迅速增加强度，超出学生适应能力的范围，即既要保持训练的连续性，又要考虑到学生训练的阶段性，让学生在一次次的训练课程中逐渐积累经验，增强自身身体素质，提升竞技能力，从而在长时间的训练过程中，以恰当的训练强度提高学生的足球技术水平。高校通过阶段性的培养，逐渐使学生的训练水平增长一个台阶，长期坚持下去，促进量变引起质变，最终帮助参与者大幅度提高训练水平，在足球比赛中取得优异成绩。

足球训练的过程就是要处理好阶段性和整体性的关系，在具体教学中，教师要将足球技能训练分解成多个不同的部分，由易到难依次向学生讲解各个部分，在每个训练部分中设立明确的训练目标，引导学生完成各个训练目标，然后将这些部分整合起来，进一步发展学生的足球训练能力，实现优化提升，促进整体目标的实现。

（二）高校足球运动训练过程的依据

开展足球训练活动需要遵循一定的依据，这些依据主要指的是参与者在足球竞技过程中要经历的敏感期和足球训练过程中的阶段划分。

1. 学生竞技能力发展的敏感期

在足球训练过程中，学生的竞技能力有两个获得途径：一个途径是人们先天通过遗传等方式就能获得竞技能力，遗传作用下发展出来的竞技能力会随着人的发育成长而发生变化；另一个途径是人们需要通过后天的训练、培养，发展出来的竞技能力，这种途径下产生的竞技能力会随着足球训练过程的发展而逐渐提高。而在这两个发展途径共同作用下，学生往往要经历一个竞技能力发展的最佳时期，在这一时期中，人的竞技体育发展速度最快，学习效果最好，这一时期就称为发展的"敏感期"。要充分利用人的竞技能力发展的敏感期，充分发展个人在足球竞技训练方面的能力，尽力发挥出自己的最高水平。

（1）足球运动员体能发展的敏感期。人的各项体能发展的最佳阶段也有各自的最佳时期，即敏感期。在人的实际发展过程中，柔韧度、速度、灵敏度等体能要素是最早发展起来的；之后是爆发力和有氧耐力的发展敏感期；力量和无氧耐力的发展是最晚的。

（2）足球运动员技能发展的敏感期。在足球训练过程中，学生的技能发展也有一个最佳时期，因为随着个人的成长与发育，各方面身体机能也会随之发生变化，在不同的发展阶段，呈现出不同的发展水平。教师在开展足球训练时要注意抓住学生技能发展的敏感期，以最高效的方式提升自身的技能水平。

（3）足球运动员战术意识发展的敏感期。在进行足球教学时，学生对足球战术的掌握非常重要，教师要着重培养学生的足球战术意识，增强应对足球比赛的战术意识，提升学生的战术能力，为足球比赛赢得有利条件。同时学生参加足球运动的战术意识在不同阶段也有不同的表现形式。开展足球运动战术的可以分为以下步骤：

对赛场环境的知觉过程。足球运动参与者在进行足球比赛时，要提前对赛场上的各项要素进行观察、分析，比如参加比赛的对手、所处的环境和具体位置、自身的状态等各项要素进行整体感知、分析。等到参与者对这些要素进行一定的分析之后，才会进一步展开行动，明确自身的行动目标，进入下一个步骤。

参与者通过观察事物获取到一定的信息，进而对这些信息进行判断、分析，确定接下来应当实现的训练目标，并确定要实行的足球战术和操作方法。关于参与者通过观察获取到一定信息进而对信息进行筛选，找到最重要的信息这一问题，不同的人对重要信息的选择是不同的，同一个信息在不同的人看来，有的人觉得重要，有的人觉得并不是最重要的，这主要是由于参与者所关注的因素有所不同，对问题的看法也有所不同。因此同一个运动赛场上，不同运动水平的参与者所知觉到的信息是不一样的，对于赛场的判断也会有一定差异。

运动参与者通过从自身记忆库中选择出已经形成的经验图式与当前的比赛进行比对，从而做出相应的解决对策的过程。这是一个由参与者根据自身已有知识经验来指导当前的足球运动行动的过程，也就是说将记忆中的图式与当下实际的足球比赛情景形成比较，从而得出决策的过程。在这一比较的过程中，个人本身已经具有的知识经验将会对参与者的最终判断、决策起到重要的影响。

做出决策并实施行动的过程。在这一过程中，足球运动参与者将根据自己的观察做出判断，并根据自身的判断采取行动，如果判断准确，行动顺利取得了成功，那么将为足球比赛赢得胜利的机会；如果判断失误，导致行动失败了，那么可能会影响比赛的结果，参与者应当进一步总结失误的原因，深入分析，进一步改善，提升自身能力。

在足球运动员战术意识的四个构成要素中首先能够发展的是观察能力，其次是信息知觉与判断能力，最后依次是决策能力和知觉预测能力。

足球训练参与者的竞技能力发展的最佳时期即敏感期，同样也是人的大脑对事物及各种信息接受能力的高峰期，但是并不是人的运动器官发展的高峰期。教师在开展足球训练时，要考虑到学生的身体发展情况，根据学生的身心发展素质规划训练内容，切不可一味地增加强度，给学生过多的训练压力，使他们超负荷完成训练任务。教师应当根据学生的身体发展状况，并结合足球训练内容的步骤逐渐由易到难地开展训练，并根据学生的学习特点，采用针对性的训练方法，鼓励学生大胆尝试，找到适合自己的训练模式，提高足球训练效率。

2. 全程性多年训练过程的阶段划分

大学生在学习足球的全程性多年训练中，要经历一个很漫长且艰辛的过程，一个优秀的运动员从最开始参加训练到最终取得优秀的体育成绩，至少都需要十年的训练历程，在这个漫长的训练过程中，运动员还会经历各个不同的阶段，从最开始的基础训练阶段掌握基本的训练技能；接着进入专项提高阶段，重点突破一些难练、易失误的地方，弥补自己的弱项；然后进入最佳竞技阶段，运动竞技能力进入训练的高峰期，往往是表现最佳的时期，之后就进入了竞技保持阶段，运动员在前一阶段已经处于竞技能力最佳的状态，在最后这一状态，就要努力保持之前的状态，继续延续之前的训练成绩。

总之，每个不同的阶段都承担了不同的任务，运动参与者要循序渐进地依次经历这些阶段，逐渐发展到最佳的训练水平，取得好的竞技表现，任何人不能急功近利，片面追求效率，否则只会造成失败。

在整个足球训练过程中，教师要按照学生的不同发展阶段，开展不同的训练任务，抓住当前阶段的重难点逐步提升，依次突破，增强自身实力。

（三）高校足球运动训练的原则

1. 系统性原则

开展足球训练需要遵循系统性原则，即教师在进行足球教学时，要确保学生能够完整学习足球运动的基础知识和技能，进而熟练掌握足球运动技能，并能够最大程度地发挥出自身的潜能。在足球训练的整个过程中，教师要让学生受到连贯、完整的足球训练，促进学生足球训练能力的系统发展。

高校开展足球训练要坚持系统性原则，在系统的训练过程中，培养学生扎实的足球技术基础，全面增强学生的足球训练能力，避免只是短期、速成的训练部分内容，在较激烈的竞争赛场上难以应对的局面。教师在进行严格的系统训练时，要着重关注以下两方面的内容。

（1）高校要坚持长期开展足球教学，确保足球教学的系统性、延续性，在不同阶段开展不同的训练任务，给予学生系统学习足球运动的机会。并且要注意阶段与阶段之间的衔接与过渡，及时巩固复习，加深学生的认识，在反复的复习中增强学生的训练技能。

（2）在训练内容上，要注意内容的难度要适当，符合学生的运动水平；注意合理规划内容，难点分散，重点突出，帮助学生及时克服重难点，取得良好的训练效果。

2. 全面性原则

高校开展足球运动教学要注意教学的全面性，注重全面发展学生的能力。并且足球这一运动也本身涉及全身的运动与配合，开展足球运动要遵守全面性原则。在训练运动器官方面，教师要关注学生的各个运动器官的发展，使各个运动器官都得到应有的锻炼，比如力量、速度、柔韧性等都需要及时的练习发展。如果只是着重训练某个运动器官，使学生的某一项技能特别突出，而其他部分却水平较低的话，这些水平较低的身体技能将会影响整体的发挥，最终也阻碍了部分优秀技能的表现，不利于学生的身心全面健康发展，也不利于学生足球训练能力的提高。为了使参加足球训练的学生实现身体各方面的全面发展，促进身体素质的综合提高，高校在开展足球训练时，要坚持贯彻全面性原则，保证足球训练效果。

3. 周期性原则

开展足球训练时要遵循周期性原则，因为学习足球运动技术不是一蹴而就的，需要学习者反复多次、持续不断、系统的训练、巩固，在训练过程中增强自身的身体素质，进而不断提高足球运动的技术水平，使技术水平发挥趋于稳定、优秀。

足球训练的周期通常以周训练为主，根据调查，我国参与足球训练的运动员们通常要连续不断地参加多个训练周期，在连续不断的训练周期内积累经验、改进技术，完成阶段性的任务；之后再步入下个阶段，下一阶段依然需要接受反反复复多个训练周期，运动员在多个周期内接受的训练是呈螺旋式提高的趋势发展的，在学习新的训练技能的同时，要不断接受之前的训练技能的复习巩固，从而加深运动员的技能理解，为下一阶段的新内容的训练打下良好的基础，提高训练水平。

另外，在运动员们遵循周期性原则，及时巩固复习的同时，教练也要考虑到运动员们的发展水平，对足球训练内容进行适当的调整，改变足球运动训练的内容重难点分配情况，增强足球训练的针对性，为不同运动员提供专业化、针对性的训练计划，避免浪费运动员的力量和训练时间。

4. 区别对待原则

在足球训练过程中，高校要实行区别对待原则，根据具体情况具体分析，采用针对性的解决策略。教师在设计训练计划时，首先要分析参加训练的学生的身心发展特点、不同性格特征等要素，根据学生的个人特点规划足球训练内容，选择恰当的训练方法，合理利用学生自身已有优势，发展学生的潜能。

由于学生所处的年龄阶段不同、性别不同、自身身体素质也不同，因此也就造成他们分别具有不一样的运动能力。如果教师在开展足球训练时，对所有学生采用统一的训练方法，那么会造成训练方法难以贴合学生的发展状况，学生学习效率不高，不利于学生训练水平的提高，还造成了时间和资源上的浪费。教师应该针对学生的需求做出个性化的设计，从学生实际出发，充分利用学生的自身优势，调动学生的积极性，激发学生兴趣，在训练的不同阶段实行不同的训练策略，及时做出调整，促进学生训练水平快速提高。

高校在实行区别对待原则时，要注意以下两方面的要求。

（1）教师在准备开展足球训练之前，要尽可能地了解学生的实际情况，对学生的身体状况、性格特点、发展潜能、训练需求等因素都进行细致的了解，然后根据这些情况调整训练内容，为参加训练的学生提供最合适的训练计划。

（2）在保证对学生个性化培养的同时，也要注重对学生提出训练的整体要求，让学生向着共同的目标前进，逐渐提高学生的整体训练水平。

5. 适宜负荷原则

在足球训练过程中，教师要坚持遵循适宜负荷原则，具体来说，这一原则指的是参与足球训练的学生在训练过程中要根据训练的内容和训练的目标、要求，逐渐增加训练难度，循序渐进，以渐进的方式将训练强度达到学生的最大负荷量。这一原则也在一定程度上补充了下文提到的"三从一大"原则。在实行这一原则时，教师要注意以下要求。

（1）根据学生的实际情况设置训练的负荷量，尽量贴合学生的需求，避免负荷量过大或过小，这都难以达到训练目的。

（2）增加负荷量要坚持循序渐进的原则，逐渐增加负荷量，以螺旋式提高的方式慢慢增加强度，给学生一个逐渐适应的过程。

6. 积极主动原则

高校开展足球训练需要学生漫长而艰苦的训练，在这个过程中，教师要尽可能调动学生的积极性，实行积极主动性原则，让学生形成一种强大而持久的动力来支持他们自身不断地坚持训练，追求更高的水平。如果没有这种强大的动力进行支持的话，学生很容易在漫长的、艰苦的训练当中感到迷茫、困难，难以坚持下去，最终半途而废。有了自身内在的积极主动性，学生参加训练的动力就更强，就更有克服困难的勇气。

在实行积极主动性原则的过程中，师生要注意以下要求：

（1）学生在参加训练过程中，要有自己的奋斗目标，这一目标必须是自身经过努力能够实现的，这种切实可行的目标才能够给予人不断努力的动力，激励自己持续奋斗下去，然后形成积极的学习态度，不断追求更好的训练成绩。

（2）教师在教学训练内容时，要善于吸引学生的注意力，激发学生兴趣，让学生在训练过程中，积极主动地参与训练；教师要注意传授给学生系统的足球理论知识，促使学生对足球形成全面的理解，并在训练的过程中潜移默化地培养学生对足球的热爱之情，增强学生学习足球运动的内在动力。

7. "三从一大"原则

"三从一大"原则一直是足球训练中需要遵循的原则，具体来说，"三从"指的是"从严、从难、从实战需要出发"；"一大"指的是"进行大运动量的训练"。这一原则对足球运动训练的发展起到了关键作用。

（1）"三从"中，"从严"指的是教师在开展足球训练时，要严格要求运动参与者，对参与者提出较高的要求；引导学生对自身提高要求，不断增强自身实力，培养良好的身体素质，激发自身潜在的运动能力；"从难"指的是教师在进行足球训练时，要适当地增加学生的训练难度，不断克服足球训练中的重难点，提高技术水平；同时增强学生的身体素质和心理素质，锻炼顽强的意志力，促使学生循序渐进地提高足球训练水平；"从实战需要出发"指的是开展足球训练时要以实际比赛时的训练要求为准，一切为了实战做准备。

教师在组织学生进行足球训练时，要抓住足球竞赛的实质和规律，顺应规律来设计训练计划，并根据竞争对手的比赛特点进行有针对性的应对和练习，克服对手的弱点，取得比赛的胜利。教师还可以组织学生进行模拟实战比赛，培养学生在实战中比赛的能力，增强实战适应能力，为真正的比赛打下良好的基础。

（2）"一大"即要求进行大运动量的训练，足球训练要求通过大量的训练增加参与者的技能熟练度，更好地掌握足球运动技术，并且通过大负荷的训练，锻炼参与者的超强耐力和心理素质，激发出参与者潜在的运动能力。

8. 训练与比赛相结合原则

教师开展足球比赛时，要坚持训练与比赛相结合原则，因为足球训练的最终目的是培养学生的足球运动技能，从而在足球比赛中取得优异的成绩。在平时的足球训练中要以比赛的要求为标准，向竞技比赛的标准看齐；与此同时，足球学习者在比赛中也能够发现自身的不足，以便之后在平时的训练中进一步完善，训练与比赛相结合原则体现了平时训练与竞技比赛相辅相成的特点。

高校在组织开展足球训练课程时，要分成不同的周期和阶段，不同周期和阶段所面临的任务也会有所不同，因此要加强训练，着重解决不同阶段的问题，为足球比赛做好技术基础；并且在周期性的训练中，也要适当地减少比赛活动，为足球训练参与者提供充分的发展空间，帮助训练者集中训练，提高训练能力。在足球训练参与者已经具备较完善的训练能力时，要增加训练者参加比赛的机会，培养实战经验，提高参与者的适应能力，增强参与者在实战训练中的自信心，为正式比赛做好准备。

9. 一般训练与专项训练相结合原则

开展足球训练有多种训练形式，教师要坚持一般训练与专项训练相结合的原则，运用多种训练形式，根据不同的训练需求选择不同的训练形式，充分调动学生的各方面运动能力，全面锻炼学生的身体机能，增强身体素质，提高训练效率。其中一般训练指的是常规的各项训练技能综合起来开展的训练；专项训练指的是针对某一项技能动作、足球战术进行集中的专门化训练，提高学生某一方面的能力。一般训练要与专项训练相结合，互相弥补不足，形成相辅相成的一个整体，促进学生足球运动能力的综合发展。

在推行一般训练与专项训练相结合的原则时，教师要提前考察学生的运动水平和所处的训练阶段，并结合要训练的内容，根据内容选择合适的训练模式，规划好合理的一般训练与专项训练分配的比例。对于训练水平整体较低、身体各方面素质较差的学生，主要开展一般训练的形式，提高学生的综合能力；对于训练水平整体较高，身体各方面机能较好的学生，应当开展专项训练，重点突破一些高难度、易出错的技能项目，弥补学生的弱点，突出优势之处。因此教师要根据学生的不同训练水平和足球运动的训练特点设计不同的训练模式。在学生训练水平较低的阶段，增加一般训练的比例；在学生已经形成一定的训练基础，需要进一步提高的阶段，可以加大专项训练的比例；如果学生正处于比赛阶段，就需要有针对性地进行专项训练。

（四）高校足球运动训练的负荷

教师在开展足球训练活动时，要合理安排学生的训练负荷，即合理向学生施加足球训练方面的压力和刺激。学生参加足球训练必须承受一定的训练负荷，才能增强参与者的训练能力，锻炼参与者的心理素质，形成顽强的意志力，最终实现训练目标。

但是教师在开展足球训练之前一定要细致研究学生们能够承受的足球训练负荷程度，合理设置训练中的负荷量，并且妥善地制定帮助学生应对训练负荷的策略，具体到详细限定负荷量的大小、持续时间、增加幅度等因素，做到合理规划，科学训练。

1. 运动训练负荷的决定因素

运动负荷的决定因素有很多，主要是由负荷量和负荷强度两部分构成，在足球训练过程中，学生应该承受多少的负荷量由训练内容和学生自身的身体素质决定，两者缺一不可，教师不可以片面追求训练内容的进度，一味给学生增加训练负荷量，致使训练内容超出学生的承受能力，无法配合训练，最终影响了足球训练的效率，甚至给足球训练的参与者造成不可弥补的伤害。足球运动的训练负荷受很多主客观因素影响，教师要密切关注学生的各方面发展水平，参考学生的承受能力、自身心理素质，并且要顺应足球训练的规律，合理制订训练计划。

（1）学生的承受能力。运动员的承受能力对足球训练负荷量的影响很大，训练中所设置的负荷量最多不能超过学生的承受极限，否则后果会很严重，难免造成训练参与者的伤病。但是学生的运动承受能力不是固定不变的，随着年龄的增长，身体的发育以及运动训练的锻炼，学生的承受能力也会逐渐提高，教师要实时观察学生的变化，及时调整训练强度，提高训练效率。

（2）专项竞技的需要。足球训练要面向竞技比赛的要求，教师对学生设置训练的负荷量也是出于提高学生竞技能力，符合不同竞技技能的需要。因此在设置训练负荷量时，教师也要考虑足球训练项目的需要，然后对训练负荷量的程度提出不同的要求。同时设置负荷量时要面向足球比赛的标准，通过增加训练负荷量来更好地适应竞技比赛。

（3）训练的周期节律。足球训练具有周期性特点，运动员们通常都会按照周期进行训练，按照周期练习运动技能。因为运动员的技能水平是周期性提高的，竞技时的状态也具有周期性，并且人体本身生理和心理上的演变也呈周期性，因此高校开展足球训练时，也要适应大学生的发展变化规律，按照周期、分层次地逐渐培养学生的竞技能力，增强学生的心理素质，高效、合理地提高学生的综合训练水平。

2. 负荷适宜程度的判断方法

为了便于教师能够合理制定足球训练的负荷量，教师应当提前掌握判断训练负荷适宜程度的方法，对负荷量做出科学的判断，这种判断方法可以从以下三个角度展开。

（1）负荷适宜程度的生物学判断。足球训练的负荷量不同，学生自身的机体也会发生不一样的变化，这种变化能够从学生的生理变化中体现出来。教师在初次判断学生的训练负荷量时，可以借助于现代科技手段对学生训练时的身体机能变化实时监控，这种方法非常直接、准确、快速地把学生的身体信息提供给教师作为数据参考，特别是学生的心率变化最直接地反映了学生的身体状况。另外，如果需要进一步的判断的话，可以检测训练参与者的血液、尿液，观测学生对训练负荷量的适宜程度。

（2）负荷适宜程度的心理学判断。在参加足球训练活动时，学生不仅会发生生理上的变化，心理上也会产生一定的反应，比如面对训练时的情绪、态度、兴趣等，都能作为判断学生是否适应训练负荷量的参考依据。学生自身的意志力坚强程度和对足球训练这一活动是否有兴趣，都会成为影响学生训练负荷量大小的因素，比如当学生面临重大比赛，内心承受了非常大的压力，情绪上感到压抑、夜间失眠、内心焦灼等，这些情绪也会影响到学生的训练负荷能力。

（3）负荷适宜程度的教育学判断。教师在进行负荷适宜程度的判断时，也会从教育学角度来展开，比如观察参加训练的学生对于足球训练的兴趣和动力程度如何、完成教师设置的训练任务时的表情和状态、完成训练任务的程度等，从这些角度来反馈学生对训练活动的承受能力，如果学生训练时表情自然、轻松，那么训练负荷量是在学生承受范围内的；如果学生训练过程中感到疲惫、困难，甚至产生畏难情绪，没有继续训练的勇气和动力，那么教师可以考虑一下，是否是训练负荷量太强，让学生感到压力太大，难以承受。

教师在判断学生的训练负荷适宜程度时，学生也要予以积极的配合，帮助教师完成调查。与此同时，参加训练的学生自己也要对自己的训练情况进行合理的评估，平时要多关注自己训练时的身体状况、睡眠情况、饮食情况等，以便及时与教师交流这些问题，也为教师更准确、全面地制订训练计划提供了信息参考。

3. 训练负荷的动态变化

由于学生的身心一直处于发展变化的过程，他们的训练负荷能力也在不断地发展变化，学生运动负荷能力的变化受到年龄、性别、身体素质、心理承受能力等多种因素的作用，学生处于不断的成长过程中，教师要树立学生的训练负荷量是动态变化的意识，定期调整负荷量。

（1）负荷动态变化的基本趋势。参加足球训练的学生在训练过程中会逐渐增强体质，发展身体机能，对训练负荷量的适应性也更强，随着学生的训练适应性增强，教师也要逐渐增加学生训练的负荷量，进一步锻炼学生的身体机能，提高竞技能力。增加负荷量的过程也要呈周期性，按照学生身体机能的发展规律进行，一点一点挖掘学生的运动潜力。

负荷量发展变化的趋势主要有两种：① 先加大负荷量，让学生逐渐开始适应，提高学生的身体机能，锻炼学生身体素质；然后稍微降低负荷量，同时增加负荷强度，锻炼学生的竞技能力。② 先加大一般训练模式的负荷量，为学生掌握足球运动技能奠定基础；然后再逐渐减少负荷量，转而加强专项训练的负荷量，集中训练学生的突出优势。这两种趋势都有可取之处，根据不同的训练情况，教师可以对这两种训练趋势进行调整。

（2）负荷动态变化的具体调控形式。足球训练负荷量的变化与人的身体生理机能的变化有关，变化模式也是呈螺旋式提高的。教师在根据学生的身体变化情况调整负荷量时，要遵循人体负荷—恢复—超量恢复的生理规律，并根据学生的具体情况进行个别化调整。

具体关于调整足球训练负荷变化的调控形式包括五种：① 恒量式。恒量式指的是在某一个固定的训练周期内，教师要保证学生的训练量达到一个比较稳定的程度，没有大的起伏变化；② 渐进式。渐进式指的是在某一运动训练阶段内，教师通常会逐渐提高学生训练的负荷量，但是增加幅度是渐进式的、缓慢的，按照一定规律进行增长；③ 阶梯式。阶梯式指的是足球训练的负荷量呈阶梯状变化，按照上升—保持—上升的规律来增加负荷量，锻炼学生的身体机能，提高竞技能力；④ 波浪式。波浪式指的是在足球训练过程中，按照上升—保持—下降—再上升的模式增加运动负荷量，这一模式适用于足球训练的各个阶段；⑤ 跳跃式。跳跃式比较特殊，指的是在足球训练过程中，教师通过大幅改变负荷量，让学生在训练过程中突破身体已有的平衡状态，从而激发学生潜能，探究学生自身运动潜力。

（3）合理安排运动负荷，建立理想训练目标。针对动态变化情况及时变更训练计划。教师在开展训练活动之前往往会提前做好训练计划，但是在实际实施过程中难免会发生与预想不一致的情况，教师要考虑到现实与预想存在一定的差距，在实际训练过程中根据具体情况做出适当的调整，改变原先训练计划，按照参与训练的学生的身体状况、情绪反应、客观环境的影响等因素及时做出改变，这样才能更好地实现训练目标。

合理安排运动量。要想做到合理安排学生训练的运动量，教师需要将各种错综复杂的影响因素考虑在内。影响学生运动训练负荷量的因素包括学生所处的训练阶段、已有的训练水平、足球训练项目的特点、学生自身的身心发展特点等。当学生处于比较基础阶段的训练时，那么教师不适合大幅度地改变训练负荷量，并且要着重增加一般训练的负荷量；当学生已经具备比较高的训练水平时，教师可以增加一些专项训练的负荷量，锻炼学生的个别技能，弥补弱项，突出强项；还可以大幅改变训练的负荷量，在保证学生身体安全性的情况下，激发学生的运动潜能；对于身体素质较差，适应能力不强的学生来说，教师不适宜一次增加太多的训练负荷量，适宜逐渐少量地增加负荷量，锻炼学生的身体素质，提高身体适应能力，培养学生坚强的意志。总之，不同训练水平、训练阶段、训练内容、不同训练个体，应当采取不同的训练负荷计划。

掌握好负荷与恢复的关系。在开展足球训练过程中，教师也要处理好负荷与恢复的关系，即要让学生在训练和休息之间形成一个平衡，避免一味训练，造成学生疲劳训练、超量训练；同时也要使学生的足球技能得到锻炼，不能过度休息，身体机能一直得不到应有的锻炼，潜在的能力也发挥不出来，浪费了足球训练的时间和资源。恢复是为了让学生有及时休整、调整状态的时间，确保学生的体力及时得到补充，为下一环节的训练做好身心准备。并且要注意的是不同的训练任务，学生需要的恢复时间也是不一样的，比如有氧训练或无氧训练、力量训练与耐力训练等，这些不同的训练项目消耗的能量也有所不同。

二、高校足球运动体能训练与准备活动

由于越来越多的中国人参与现代足球运动，使得我国高等院校的足球技术、战术水平逐步提高，形式也越来越多样化，比赛冲突日益加剧。为了使高校足球有更美好的发展前景，目前最急需的就是关于足球训练的一套科学而合理的训练模式及相关理论知识，以使足球运动员的能力有所提高，最终使其竞技水平有所提高。

在构成足球竞技能力的成分中，体能训练是十分重要的构成部分。体能训练又细分为：准备活动、能量代谢、力量和速度训练、耐力和柔韧性训练、敏感性和平衡训练以及整理活动。

（一）高校足球运动体能训练的认知

体能（又称为身体素质），指的是人的基本运动能力，在竞技力中占有很重要的位置。其又细分为身体形态、身体功能、运动素质三个部分。其中，身体形态由身体的内部形状及外部形状两部分组成；身体功能是指人体所有器官系统的功能；运动素质是运动过程中显示的基本运动能力，如力量、耐力、速度、柔韧性和敏感性，它们相对独立又紧密联系，相互影响并相互制约。

体能训练指的是为了使身体素质有所提高、身体技能有所提高、身体形态有所改善而使用的任何有效的训练方法。体能训练是一种训练技术、战术、心理、智能的综合性方法。

1. 体能训练的分类

体能训练通常可分为一般身体训练、专项身体训练和专项能力训练三类。

（1）一般身体训练。一般身体训练是指运用各种非专业的体育锻炼方法，全面协调和发展每个肌肉群的力量和素质，并出于特定项目的需要，有针对性地、成比例地提高运动员的速度和协调能力。训练可提高人体各个系统的功能水平，进而促进个体身体素质的全面发展，例如运动员的力量、速度、耐力、协调性和灵活性，并提高运动员的肌肉协调能力，从而提高专项运动的综合能力。

（2）专项身体训练。专项身体训练是指紧紧围绕比赛规则制定的训练方法，以提高运动员的素质，并在训练中根据比赛的特点有针对性地进行体能训练。

（3）专项能力训练。对于不同的人而言，他们在很多方面都是不一样的，如具有不同的运动机能，不同的身体素质，不同的运动战术、技术，不同的比赛心态，不同的智能控制，不同的环境适应能力。适当地提高和增强个人的专项能力十分有必要。

球员的运动成绩和竞赛表现取决于他们的专项能力。在足球训练的过程中，球员需要不断地深入挖掘人体运动的极限潜力，完善自身的各项技能。

2. 体能训练的内容

足球运动不仅要求具有常规的力量、速度、耐力，还要具有一定的灵活性、爆发力、柔韧性。在运动过程中，还需要球员能够频繁地跳跃，改变速度，改变方向。体能训练对于运动员来说是最重要的保障。

就刚接触足球运动不久的学习者而言，身体素质训练能够有效提高动作的有效性，使其可以应付比赛的需求，进而合理、有效地发挥技、战术能力。

（1）身体素质的组成要素。足球球员的身体素质包括很多要素，如肌肉耐力、心血管系统、平衡、力量、爆发力、速度、灵敏以及柔韧性。此外，膳食也是一个不可缺少的重要因素。通过进行身体素质训练，运动机体在生理方面会发生一些变化。

（2）体能训练的要素。人的运动能力取决于两部分——先天的遗传因素和后天的运动训练。既然先天的遗传因素我们无法改变，只能通过后天的训练来提高人的体能，并且有很大的影响。由于足球具有冲刺、踢球或抢球等环节，因而是一项强度相对较大的运动，这也就对球员提出了很高的要求，要求其具有很高的灵敏性、爆发力、协调性，这些因素都决定了一个球员的水平。

3. 体能训练的要求

（1）区别对待。这里所说的区别对待指的是根据球员的特点来特别制订适应个人的训练计划，要因材施教，足球运动员的体能训练要求严格遵守区别对待的原则，以便有效地提高运动员的体能。

（2）竞技力的训练。竞技力是一个综合性的训练，涵盖了技术训练、战术训练、心理训练、智能训练。在进行体能训练时，必须满足竞技运动的要求，训练的内容要合理，使用的训练方法要科学，还要与技术、战术、心理素质以及智力具有一定的联系并且很密切。

（3）运动素质训练。由于人的机体不一样，其所具有的运动素质水平也不一样，因此可塑性的程度也不一样。在训练过程中，有必要根据运动潜能在适当的阶段进行发展和改进。

（4）科学分配比例。此处的"科学分配训练比例"是指将三种训练（即一般体能训练、专项体能训练、特殊能力训练）按照一定的比例形成的一套体系。

（5）积极采取恢复措施。经过一段激烈的训练和比赛后，运动员身体恢复的速度将对后续的比赛产生直接的影响。由于现代足球训练的强度越来越大，运动训练增加了大量的训练恢复、营养恢复、生物恢复及心理恢复。这样可以防止训练过度，并减少对球员的不必要伤害。

（二）高校足球运动体能训练的准备活动

体能训练以及比赛开场之前，要做好充分的准备活动，这对内脏器官自身带有的一些惰性具有一定的克服作用，使工作状态缩短，并且可以减少发生运动损伤的概率。

1. 体能训练的准备活动的作用

（1）促进中枢协调。运动从本质上来说，就是条件反射。开始运动之前，做一些准备活动，能够使中枢神经系统的兴奋性有所提高，并使大脑皮层处于最佳兴奋状态，使大脑能够迅速做出反应，从而调节自身状态，增强协调能力，是球员做好充分准备。

（2）克服内脏惰性。内脏是由神经支配的，其本身主要具有这样的特征：具有较低的灵活性，兴奋与抑制之间需要很长的时间来转化；兴奋传导得比较慢，兴奋相对延迟，惰性由此产生。

（3）提高代谢水平。运动器官由肌肉、关节、骨骼及韧带四部分构成，由运动神经支配其行动。肌肉主要具有一定的拉伸特性、黏滞特性、收缩特性、弹性、兴奋特性。赛前或训练前的活动有益于体温的升高。体温的升高可降低黏滞性，增加收缩率和松弛率，并增加肌肉强度，从而释放更多的氧，增加氧的供应，并增加酶的活性以增加代谢水平。

2. 体能训练的准备活动的方法

（1）无球准备活动。通常，无球准备活动的步骤如下：

第一，慢跑使体温升高。

第二，等到升高体温之后，再进行关节活动。

第三，对主要运动肌群进行牵拉。肌群牵拉主要以扩胸、踢腿、振臂等动力性牵拉为主，使身体做好运动的准备。要避免做静力性牵拉训练，否则神经系统的兴奋性会下降，温度也会下降，造成肌肉过度放松，对比赛具有不好的影响。

第四，进行专项活动，强度慢慢地增加。

（2）带球准备活动。一般情况下，带球的准备活动具有如下所示的步骤：

第一，在慢跑的过程中颠球、运球、传球、接球。

第二，结合球针对各个重要关节进行相关活动。

第三，结合球针对运动肌群进行牵拉运动。

第四，开展专项技术活动，强度慢慢增强。

准备活动的量不能严格统一，而是应当根据个人具体情况来。

三、高校足球运动员的身体素质训练

（一）高校足球跑动能力及其影响因素

足球运动是一项全球性的运动项目，很多人都对外宣称自己对于足球的知识有着十分专业的理解，但是这些人却或多或少都带有一定个人观点来看球，即不能绝对在看球过程中不能保证自己持有公正的理念。教练员、运动员等专业人士也不例外，他们会在个人爱好或者客观环境的要求下选择回顾某些比赛的细节。运用运动分析的方法，无疑可以客观真实地将足球比赛过程记录下来，有助于相关专业人士利用生理学知识对其展开更具客观的评价。

传统的机械效率和时间——运动的研究倾向于运用工程途径研究工业生产实践。研究结果应用于重新设计产品生产流程以及为工人制定劳动标准，主要目的是提高生产率和利润。由于有了及时客观的数据以及从提高效率的角度记录活动，因而这种研究被认为是"科学的"，但是后来却被人类工程学的研究所否定。这些说明在推动最大生产率方面，人的能力被忽视了。利用人类工程学这一方法来对于足球比赛中的运动展开分析，搭建一个基于生理学的比赛数据库，就可以从更加客观、科学的角度来对训练和身体素质展开更具意义评价。

足球分析专家选择了监测靠近球的明星球员的活动，同时也选择了在一段时间里监测某一球员的个人活动。当把比赛类型或全队的表现当作研究对象时，就可以进行整队分析。通过传球和分球证明球员中的联系作用，整队分析还对阐明球队中社会道德力量的因素有所帮助。

1. 跑动距离

固定跑动距离下，运动员消耗能量的大小和机械运动总量之间存在密切的联系，却和跑动速度之间并没有什么直接的联系。由此可见，足球运动员个人跑动能力的大小和其在实际比赛中的跑动距离的长短是基本一致的。跑动距离从某种角度来说可以代表该足球运动员个人或者还足球运动队的努力程度，也可以代表足球运动员个人在实际比赛中对于本球队的实际贡献多少。具体到一场比赛中，足球运动员与足球运动员之间的跑动距离是种种因素的作用下会存在较大的差异性。

在测定跑动距离时，一定要注意其测定方法是否科学合理，否则将难以确定所得数据是真实可靠。测定跑动距离需要观测人员将自身置于可以俯瞰中线的位置，并将符号记录在一条带子上，然后再借助于相关影片加以辅助分析，以便促使记录更加真实有效，具有可参考的价值。除了记录个人技巧，也记录运动的强度和方向。借助于相关员工的辅助以及配合在实际场地画上可供其进行分析的格子，这将更加有利于其后续的研究，可提升其所得结论的真实有效性。

2. 跑动技术

在影响比赛的众多因素中，技术也是一项不容忽视的因素。此处所说的技术主要指足球比赛以及日常练习中的能力，具有抢断、控球、传球、运球、头顶球、射门等。目前，传球以及控球是足球运动员必须掌握的一项技术，也是不管在赛场上还是在日常练习中都利用率高的技术。

除了上述两项技术之中，头顶球的运用频率次之，抢断、运球以此递减。比赛中技术运动的成功率和所处区域有十分密切的联系，一般在防守三区的成功率要高于中区、进攻三区，中区又高于进攻三区。原因就在于，比赛过程中在从防守区向对方罚球区发展的实际过程中，球队双方在球控制权上的争夺上越发激烈，这对于球员的考验也越来越大。例如，前锋队员在这一过程中要具有快速完成技术动作的能力。

鉴于此，教练员应该针对性地为进攻队员安排一些对抗训练，以此来提升抗压能力，更好地适应比赛的节奏。

3. 跑动等级及影响因素

球员要想持续不停地奔跑 9～12 千米，必备的能力就是可以支持其进行高强度间歇运动的生理能力。

一般来说，平均每场比赛中球队队员跑动总距离之中最高只有 2% 是带球跑的距离。绝大多数的运动属于无球状态。运动员必须快速移动去争夺控制权，才能保证其做到不管是在进攻中还是在防守中都能给予同队队友及时的支撑以及辅助，对对方无球队员不管是跑动还是做假动作等都能做出有效防守。在此时状况中，球队队员一定要注意密切关注比赛的变化，不放过一丝一毫的细节，以便其能够在实际比赛中选择出合适的跑动时机、节奏、方向，这点在实际赛场上十分重要。足球是一项运动量十分大的项目，在比赛中运动员有大量的跑动和技术拼抢动作。对于这些动作掌握的是否到位将会对比赛的整个走向产生影响。由于足球这项运动是一项带有间歇性以及非周期性的运动，所以其强度以及持续时间也不固定，会因各种因素的影响或作用出现变化。

赛场上，真正的跑动情况并非单一，除了有全速冲刺之外，还有走动以及站立，且各个状态之间是可以相互过渡的。赛场上，足球运动员需要根据赛场上的具体情况来调整自身的状态，只有这样才能保证其技术动作可以准确完成，进而极大程度地提升其在赛场上的获胜率。相较而言，那些技术掌握更胜一筹的球队拥有更大能力来对比赛节奏、跑动等级进行调整，可以尽可能保证其抓住时机进攻，保持战术优势。当两队技术水平相近时，哪队队员的身体素质更突出、更能维持维持较长的高速奔跑，就更占据优势，更能在比赛中取胜。任何一场足球比赛，在比赛结束前不管是对于某一个队员个体还是全队行动都是不可测的。然而，倘若单纯只考虑跑动距离或者工作—休息比率，那么足球比赛的专业要求就会被掩盖，因此明晰跑动等级将会对了解比赛的专业要求有助。

每场足球比赛对于队员的不连续地跑动要求要在 1000～2000 次，这已经将快速、变换跑动节奏和方向，以及为完成技术而进行的跑动等涵盖其中。以英格兰联赛超级球队之间的比赛为例，球队队员在赛场上大概五六秒就要改变一下自己的行动轨迹。这样的强度下，队员在每 2 分钟内大概会休息 3 秒，而如果是在一些水平较低的赛事中，运动员不管是休息时间还是休息频率都会增加。大约每 90 秒就会出现一次全速冲刺，距离一般都为 15 米；每 30 秒出现一次高速跑。跑动等级的影响因素如下：

（1）位置。以一场普通的常规的英格兰联赛为例，队员的位置会对每场比赛的跑动距离产生一定影响。在足球比赛中，中场球员会比中后卫跑动距离长很多。后卫和前锋在比赛中所起的作用相对更具灵活性，中后卫的跑动多数都集中在向后和向侧方向。教练员在日常训练过程中一定要考虑到这些因素，并据此来为所在位置的队员安排一些有针对性的训练活动。

不同后卫在跑动总距离上有时会表现出十分显著的差异性，这一特性和后卫所处的战术位置是一致的。在实际比赛中，当后卫并未对对方进攻队员产生直接影响时，此时的跑动数据最低。相反，当后卫对于中场球员的影响十分大时，此时的所测数据相对较大。鉴于此，一定要注意后卫的这种多面性以及在互换位置上的能力表现将极有可能会模糊位置对跑动等级的影响。

具体在研究英格兰联赛队员时发现，和中后卫相比，后卫的全速冲刺次数较少、速度较低。一般来说，前锋进行冲刺跑的目的除了诱使防守队员失去位置之外，还有就是为了突破对手防线。

（2）有氧能力。跑动特征受身体素质的影响。运动员有氧能力的高低可以在很大程度上对运动员是否拥有在 90 分钟之中始终都保持一种相对较高奔跑等级的能力起决定性影响。所谓有氧能力涵盖两方面——最大摄氧量以及氧利用率。

相较于其他位置的足球运动员，位于中场的足球运动员不光跑动能力突出，有氧能力也同样优秀。但是不足之处是，该位置的运动员其有氧能力和其他位置的运动员相比明显要低，而处于后卫以及前锋位置运动员的有氧能力则相对较为居中。此外，运动员全力冲刺次数的多少还会在一定程度上对于其自身的跑动距离产生作用。

（3）疲劳。所谓的疲劳在此处被定义为，因为持续长时间的比赛，导致足球运动员的比赛能力较比赛之初相比已经有很大程度的下降。运动员陷入疲劳的主要表现是，其在比赛末尾奔跑能力不足。知晓疲劳的影响性，可借助于比较上下半场的奔跑等级的变化。大学足球队队员在跑动距离上，上半场要多于下半场。

提升队员的有氧能力，可有效避免其在比赛尾端奔跑能力下降的现状。赖利、托马斯报道，运动员自身有氧能力的强弱和其奔跑能力的高低之间存在十分密切的联系。由于各个位置的特性，所以所处该位置的运动员在跑动距离上也会呈现出较大的不同。例如，中场队员和后卫在上半场和下半场奔跑距离并没有显著不同。相反，中后卫和前锋因为在上半场奔跑距离相对较多，所以下半场跑动能力有所下降，跑动距离也不如上半场。

（4）比赛风格。比赛风格以及比赛阵形可在一定程度上对于运动员的跑动总距离以及跑动比例安排产生影响。例如，"全攻全守打法"就要求足球运动员具有根据比赛实况进行换位的能力。这一打法对于足球运动员的身体素质以及技术要求较高。要想达到标准，需要借助于严格的训练以及大强度比赛对其生理刺激来加以实现。

此外，"直接打法"这一比赛风格同样也会球员的奔跑产生较大影响。在世界各地中，运用"直接打法"最好的球队是英国球队。"里普"阵形就是这一打法的最好代表，即队员在获得传球后将球逐渐从防守区推进到进攻区。在这过程中，利用防守失误或者逼抢等手段来促使对手队员出现技术或者战术性的失误，以此来为本队创造射门机会。这一打法要求队员要多运用长传球进行进攻。通常情况下传球次数在射门得分前会相对较少。这种打法一半的进球是罚球区的长传球，即队员靠在罚球区内从防守队员抢到球后进而射门后得分的。

（二）高校足球运动员运动训练的特点与要点

1. 高校足球运动员运动训练的特点

（1）训练目标单一，训练任务多样。运动训练要实现的目标是获得优异的成绩，所以，通常情况下目标是比较单一的，设置出来的训练内容也都是针对性比较强的。在现代竞技运动发展越来越快的情况下，竞争也变得异常的激烈，对学生的能力也提出了越来越多的要求。所以，训练需要全面展开，而且还要根据具体运动的具体需求使用不同的训练方式来适应不同训练阶段的需要。运动注重专业性、针对性，但是如果其他训练内容、训练手段能够提高专项运动能力，那么也可以展开训练。

虽然设定的运动训练目标和任务是专一的、特定的，但是任务涉及的训练方面却是多种多样的，很大一部分运动项目既要进行专业技术训练，也要进行体能训练；既要进行战术方面的训练，也要进行心理素质方面的训练，所有的训练方面既可能涉及训练因素，也可能涉及非训练因素。

（2）训练内容繁杂，训练方法多种多样。运动训练要完成很多任务，训练过程有很多复杂的步骤，训练内容也涉及多个方面，在这样的情况下，运动训练需要不断地创新训练手段和训练方法，并且在多种多样的训练方法中选择最适合的。现代运动训练主要关注的是身体训练，只有身体体能有所提升，训练效果才可能有所提高。但训练项目不同时使用的有效训练方式也是不同的，为了达到训练目标的要求会同时使用多种训练方法，不同方法的使用可以避免学生产生枯燥的感觉，从而有效提高学生的训练兴趣，有助于学生养成自主训练的习惯。

（3）训练时间较长，训练有系统的安排。训练之所以是周期性的、长期性的，是因为学生肌体产生的生物变化是周期性的，是一直循环的，要遵循动态变化节奏逐渐地提高学生身体所能承受的负荷量。训练时间比较长，也只有经过长期系统训练之后，人的肌体才可能适应训练强度和训练节奏，而且量的训练只有达到一定程度之后才能引起质的变化。因为训练时间比较长，多种因素都可能对训练产生影响，所以，训练需要有计划，需要把训练分成不同的阶段，然后有序开展各项训练任务。

（4）训练计划科学，内容训练有针对性。随着科学化发展速度的提升，运动训练计划也越来越科学，所有的训练开展都需要遵循一定的计划，不能盲目地开展训练。但是，如果计划本身不科学，那么和盲目的训练并没有太大的不同，带来的成果都是不理想的。

具体分析学生的运动过程可以发现，训练是个体变化的过程，学生能否取得好的运动成绩会受到学生个人运动天赋、运动技术的训练、运动战术学习、心理素质的培养等方面的影响，当学生个体不同时，这些影响方面也会存在差异，而且不同的影响因素还存在相互作用，所以，训练计划的制定必须有一定的针对性，必须是科学的，只有这样才能真正地刺激学生的肌体，才能真正地激发出学生的运动潜力，才能提高运动效果。

（5）训练效果有表现性，表现方式多种多样。学生进行运动训练主要是为了获得更好的运动成绩，促进身体的健康发展，想要检测学生的训练效果需要参加运动比赛，只有在比赛当中展现出一定的运动成果，获得一定的运动成绩，学生的个人运动才能才可能获得普遍认可。也就是说，比赛当中的成绩直接决定了学生在大众眼中是否是优秀的学生，也正是因为这一点，日常训练当中非常注重比赛能力的训练和养成。但是，不能为了单纯地追求优异的运动成绩而展开不科学的训练，训练计划一定要是科学的合理的，这样学生的运动成绩才可能长久稳定地提升。

运动项目如果使用不同的比赛方式，那么展现运动成绩的方式也就存在差异。有的运动成绩的表现使用的是比分形式，有的使用的是功率指标，还有的使用评分的方式，不同的方式遵循的规则是不同的，只有严格的遵循规则当中的评判标准，最终评判出来的比分才能得到社会公众的承认。

2. 高校足球运动员运动训练的要点

（1）制订加强基础体能建设训练计划。在对运动项目的体能需求以及体能状况进行客观评价后，就要制订合理的训练计划。训练计划虽然因每个人的个体状况而有很大的差异，但大多数情况下，要解决妨碍个人运动能力长期发展的薄弱环节，即现代体育训练强调对运动链薄弱环节的训练。尤其是对于体育学生而言，他们总是面临对更高、更快、更远的纪录的挑战，在这一挑战过程中，需要不断地对自身的体能极限进行冲击。而妨碍其发展的一个重要因素就是伤病，伤病往往是由于局部力量不足或力量发展不平衡造成的，其中最容易受伤的部位是肩关节、肘关节、膝关节以及腰部，对这些部位进行合理的体育训练，是防止伤病、保障训练计划顺利进行的前提。

（2）设计合理的阶段性训练计划。大部分运动项目中，竞技能力的表现都是多种运动要素的综合表现。如何根据训练的不同阶段、不同身体组织结构的恢复速度合理地制订阶段性训练计划，是最大限度地利用有限时间培养优秀学生的重要条件。在制订复合型训练计划时，只有根据不同训练项目对能量物质、内分泌系统、肌肉组织、心肺机能、神经递质的消耗程度及所需恢复时间，才能制订合理的周期训练计划。

（3）进行高质量的提高体能要素的实用训练。竞技体能体现在速度、爆发力、灵敏性、快速反应能力、耐力等方面，这些要素对于每个学生来说都是重要的，只是依赖度会因竞技项目的不同而有所差异。要提高学生某一方面的能力，就要制订针对这一方面能力的训练方法。运动器官生理结构的改善，需要有适宜的刺激和重复次数。这种适宜的刺激和重复次数，在体育训练中通常以训练强度、训练量和训练频度来体现。其中，训练刺激即我们常说的训练质量，要比训练数量更重要，因为一切训练刺激都是为了打破目前学生已形成的生理平衡，而打破生理平衡需要的训练刺激一定要超过学生可承受范围的阈值。低于这个阈值，训练量再大，平衡也不会打破。而超出这个阈值，则可能形成伤病和损伤。

另外，训练频度应以恢复程度作为下一次训练开始的依据，因为学生只有在完全恢复的前提下，才能完成高质量的体育训练，而高质量的体育训练又是提高运动能力的前提条件。

（4）根据项目特点进行体能测试与评估。为了进行科学的体育训练，应根据项目特点进行体能测试和评估。如在长跑项目中，耐力是决定比赛成绩的主要因素，而决定耐力水平的主要因素包括最大有氧功能能力、动作经济合理性、乳酸分解能力和耐乳酸能力。再如在足球项目中，反复进行冲刺的能力足球学生重要的体能要素之一，而反复进行冲刺的能力建立在快速反应能力、爆发力、乳酸分解能力和耐乳酸能力的基础上。只有对这些能力进行准确的测试，并科学地评价其中存在的优势与不足，才能进行有针对性的训练。

（三）高校足球运动员的身体素质训练方法

"强化高校足球运动员的体能训练，可以充分发挥足球运动员的综合运动素养，对于运动员足球运动技能的提升，具有关键性作用。①"

1. 速度素质训练方法

速度素质是指运动员对各种刺激反应的快慢和一定时间内完成各种运动的能力。速度快，是足球比赛中球队取得主动和优势的重要因素，随着足球比赛速度的加快，对足球运动员的速度素质提出越来越高的要求。

提高足球运动员的动作速度，主要在于提高参加完成各种技术动作肌肉的爆发力和协调能力，特别应当注意各动作之间的衔接速度，这需要通过技术练习和力量练习，反复在快速中合理地完成各种技术练习，提高运动员对有球和无球技术动作的熟练程度，以达到在比赛中轻松自如、协调合理、快速有效地完成技术动作。

速度素质的训练方法如下。

（1）各种姿势的起动：如以蹲踞式、站立式、侧身站立、背向站立、坐姿、各种卧姿等静态，或在各种移动中、滚翻后等动态下的起动练习。

（2）听、看各种信号或设立标志物的快速跑动练习：如在一定条件下或随机情况下完成加速跑、变速跑、变向跑、后退跑、侧身跑、曲线跑、急停等技术动作练习。

（3）结合基本技术的快速跑练习：如全速运球跑、变速运球跑、两人追抢球练习、冲刺跑射门和快速跑上抢断球等。

（4）结合基本战术的快速跑练习：如两人连续"二过一"的快速传接球跑动、边路快速跑动中接控球下底线传中、回传后转身切入快跑中接控球射门等。

（5）20～50米的加速跑和全速跑。

（6）各种无球和有球的发展速度的游戏。

2. 力量素质训练方法

力量素质是肌肉收缩时所表现出来的克服阻力的能力，是各项身体素质的基础。在快速激烈的足球比赛中，运动员进行起动、冲刺、急停、转身、冲撞及各种有球的技术动作，要不断使用身体的阻力和惯性，需要具备良好的动力

---

① 王欣. 高校足球运动员的体能训练探析［J］. 齐鲁师范学院学报，2018，33（03）：55-59.

性力量、速度力量和力量耐力。足球运动员的力量特点是以速度力量（主要体现为爆发力）为主的一种非周期性的肌肉活动。发展足球运动员的力量，要在发展全身力量的基础上，重点发展腿部和腰部的速度力量。

（1）颈部和上肢力量的训练。

第一，两手扶头，在颈部转动时施与一定的阻力。

第二，两人一组，一人腹撑，两臂交替前移，另一人提起双腿分抱于腰部两侧，犹如推小车的样子。

第三，在垫上做颈桥，以颈桥姿势推举哑铃、壶铃或轻杠铃。

第四，徒手俯卧撑、俯撑向侧跳动、单杠引体向上、双杠臂屈伸等。

第五，各种哑铃和杠铃的练习。

（2）腹背力量的训练。

第一，仰卧起坐、仰卧举腿、仰卧快速屈身。

第二，俯卧坐体后屈、侧卧坐体侧屈。

第三，仰卧，两脚夹球离地，以腰为圆心画圆。

第四，肩负杠铃坐体前屈或转体，以及抓举杠铃。

（3）下肢力量的训练。

第一，各种跳跃练习，如立定跳远、多级跳、蛙跳、跳台阶、向前并腿跳，及肩负杠铃或手握哑铃的跳跃练习。

第二，结合有球技术的大力踢球和射门等练习。

（4）全身力量的训练。

第一，快速背同伴走或跑、快速挺举杠铃、双人角力练习和双人的冲撞练习。

第二，结合有球技术的合理冲撞、反复用力掷界外球和跳起头顶球等练习。

3. 耐力素质训练方法

耐力是人体保持长时间运动的能力，也可以说是抗疲劳的能力。

一场高水平的足球比赛，运动员要跑 8000～12 000 米的距离，其中全速快跑和冲刺有 5 分钟（1500～2500 米），对运动员耐力的要求非常高。足球运动员既要具有长距离奔跑的一般耐力，又要具备保持随时以最快速度奔跑和做快速技术动作的能力，即速度耐力。

进行一般耐力（有氧耐力）的训练，主要是通过较长距离和长时间的练习来提高心血管系统的机能和机体能量贮备的能力。

足球运动员的速度耐力训练，一般采用多组数、短时间的大强度练习，这是因为机体内三磷腺苷和磷酸肌酸功能只能维持 8 秒钟左右，8 秒钟以后主要依靠机糖原酵解功能。采用这种训练可以有效提高肌糖原储备，加快肌糖原分解速度和提高无氧和有氧合成的速度，从而有效地提高运动员的专项耐力。

一般耐力练习可采用越野跑、12 分钟跑、定时的间歇跑、定时的上下台阶跳、定时的连续跳绳和各种循环练习方法。

速度耐力训练可采用如下方法。

（1）有间歇的多次反复冲刺跑。

（2）短距离的多次折返跑。

（3）5～25 米折返跑。

（4）原地快速跳绳，如 30 秒×10，60 秒×5（每次间歇 30～60 秒）等。

（5）定时的一对一控球与抢球。

（6）二对二、三对三、五对五的规定时间和场地范围的传控球与抢截球练习。

（7）减少人数的对抗比赛。

4. 柔韧素质训练方法

身体柔韧度进行训练是通过韧带的拉伸肌肉与各个关节之间的伸展进行的相关训练，能够提高韧带与肌肉之间的伸展性，加大关节实际活动范围幅度的增强，提高身体的柔软度。良好的柔软度，对于身体的健康程度的速度而言具有较好的作用，同时也是确保对动作进行正确掌握的重要方式，能够确保在动作训练中能够达到要求的条件。在一些人的认知中，柔韧度的训练会对生长发育产生一定的影响。其实不然，良好的柔韧度经过正确的训练，不但不会对生长进行阻碍，同时有助于健康生长，以及对骨骼的肌肉做到更好地保护，有助于对一些伤病的及时预防。

柔韧度在训练中所采取的方法较为单一，特别是训练到一定的运动程度的时候，会有四肢酸痛等一些情况出现，这是练习过程中与长跑相类似的运动会有一定的疲劳状态的平台期，在该过程中最为重要的是要坚定自己的训练意志，具有一定的吃苦的耐力，不能暂时停止柔韧度，在训练中素质的发展效果可以极为轻易地获得，但同时也十分地容易消散，为此需要对自我进行及时的调整，适当减轻训练的压力，适当减少训练幅度，需要长期的坚持，如此可以对酸痛感觉进行更好地消散最终获得更好的训练成绩。柔韧性训练是一个长期的训练，所以仅仅依靠课堂时间是达不到理想效果的。在课堂之外我们还应该适当地进行运动，最好每周能保证 2～3 次。

柔韧素质是指肌肉和韧带的伸展长度、弹性和关节的活动范围。

柔韧素质对于运动员掌握和提高技术水平，尤其对掌握较高难度的技术动作有着重要的作用，对发展其他素质和避免运动创伤也具有重要的意义。足球运动员应特别加强颈、膝和踝关节的韧带及腰腹和下肢肌肉的伸展练习。

提高柔韧素质可以采用如下训练方法。

（1）头颈的前屈、后屈、侧屈和绕环。

（2）两人面对相互扶肩，坐体前屈压肩。

（3）两人背靠背、臂挽臂，一人体前屈背起另一人振动。

（4）身体前屈、侧屈和后屈下振。

（5）跪压正脚背（上体后仰，轻轻振压）。

（6）前弓步、侧弓步、扑步压腿，及纵劈腿和横劈腿。

第三节　现代高校足球运动阵型与战术训练

一、高校足球运动的阵型

足球比赛阵型是足球运动发展过程当中一个不可忽视的重要理论和实际问题，一直被国内外的教练员和专家学者们所普遍重视。它是随着比赛规则的不断修改以及球员的身体素质技战术能力的不断增强，训练水平的不断提高而不断变化的。足球运动的比赛阵型在足球运动创造时就有了初步的阵型，随着时间的推移在逐步地演变以及发展，产生了很多可以供球队选择的阵型，教练员可以根据对手和自身的战术打法来选择比赛阵型。

（一）高校足球运动的常用阵型

1. "三五二"阵型

"足球'三五二'阵型是目前比较流行的阵型之一。足球比赛当中，'三五二'阵型在对阵目前比较流行的其他多种足球比赛阵型时具有比较好的效果。""三五二"阵型即指有三个后卫、五个前卫、两个前锋。这种阵型的特点是着重于中场的控制，以攻为主。三名后卫是为了针对对方的两位前锋，并且在本方的三位后卫人员的方式防守能力极强而设定的。防守上，要分出两个后卫专门负责对方两个前锋，另一个后卫站在最后进行对后方的保护。在由攻转守时，前卫队员看情况向后场退进行防守，撤回边路或者中路协助防守。也可以向后撤两位前卫，从而形成"五三二"阵型。

2. "四四二"阵型

"四四二"阵型即指有四个后卫和前卫、两个前锋，主要针对足球的"攻难守易"的特点，凸显中、后场的人数优势，以守为主，中场攻守兼备，以退为进，前锋虽然只有两个人，但是进攻时后场人员可以随时进行前压，这种阵型有极大的稳定性和机动性，且进攻时也具有隐蔽性和突然性。四位前卫一般站位呈菱形，前卫中站位较前的称为前腰，后方站位的称之为后腰，进可攻退可守，可以迅速变化。而两名前锋的站位可以根据场内情况进行调整，可以两人站在场内中间，也可以一中一侧。

"四四二"阵型的优点是攻守平衡，但偏向防守，一般球队都以此阵型来加强防守而遏制进攻，缺乏创造力。此阵型前卫线与后卫线紧密联系，进攻形式主要采用频繁套边，边前卫和边后卫互换套边，则中前卫接球策应。如果把中场 4 名前卫排成前、后、左、右四点形成的菱形，则中间两名前卫成了前腰和后腰，这两个腰要求都能独当一面，而前腰又是球队的核心。"四四二"阵型是世界上较为流行的阵型。

（1）后卫队员的攻守打法。边后卫与中卫的职责和打法采用区域与盯人相结合的混合防守体系。双中卫主要防对方的中锋，中锋拉边或回撤则分别由边后卫和前卫看盯防，两名边后卫固守边路。由于只有两名前锋，因此在进攻时，边后卫应大胆压上中场，卡住中场两边肋区域，并协助控制中场，不失时机地套边和插上进攻，这也是现代足球比赛所倡导的全攻全守主要进攻打法。

（2）前锋队员的攻守打法。两名前锋队员可一前一后、一左一右或一中一边，活动区域集中在对方后卫之间。中路进攻时，在同伴的支援下，通过前后、左右的交叉换位，一拉一插、一传一切的传球配合，从中路突破防线，以创造射门得分机会。在两侧边路的进攻当中，突破对方边路防线，同时也要根据场上的情况有意识地主动回撤或拉边接应，制造中路或边路空当，为插上的前、后卫进攻，创造突破和射门得分机会。如一旦失球就应当就地逼抢对方，以延缓对方进攻速度，协助中场的防守。

3. "四五一"阵型

"四五一"阵型是相对侧重防守的阵型。这个阵型有四位后卫，他们主要是进行防守，帮助控制中场和助攻，很少进入前场或者对方罚球区参与进攻，也就是主要负责防守对于进攻不多干预。在中场人数多，在中场的竞争中优势要大，有利于争夺中场的优势和主动权，可以对对方进行压迫式防守，可以减轻后场压力。然而，这种阵型在超强的防御的同时，其劣势在于进攻的力量相较薄弱，这种阵型的进攻强度要看反击和前卫的能力，要求前卫和前锋的个人能力要强。

进攻时，中前场空区较大，可以有效进行反击战和多点进攻，进攻时更加具有突发性和隐蔽性。

4. "四三三"阵型

"四三三"阵型攻防机动灵活，成为世界足坛上运用最广泛的阵型之一。"四三三"阵型是偏重进攻的阵型，进攻主要围绕两个边锋下底突破是进攻，但还得保护边路来积极传中。此阵型运用的关键在于三名中场前卫，必须要有一名脚法细腻的组织者，而且另两名前卫要成为相对平衡的接应球员，这样可以将其改进为"四二一三""四一二三"等阵型加以运用。

"四三三"阵型的攻守较为平衡，在中场力量上相对较强。三名前锋加强进攻能力，还可以牵制住对方的后卫，局限对方边后卫的助攻。当开始防守的时候，前、中场的队员较多，可以对对方进行压迫式防守，可以有效减轻后场的防守压力。三名后卫紧盯对方的两名前锋，以人数压制对方的前锋，两名后卫紧盯对方前锋，可以进行紧逼盯人，自由的那一个后卫可以保护补位进行助攻防守或者控制门前危险区域。

"四三三"阵型的攻守可以自然转换，队员位置比较稳定，变化较小。

（1）后卫队员的攻守打法。两名边后卫主要防两边路进攻，盯住对方的两名边锋以及进入边路防区的进攻队员，同时需对相邻中卫的保护、补位。由守转攻时，应迅速压上，协助控制中场，同时要积极插上参与边路的进攻，起到机动性边锋的作用。两名中后卫站位要分前后，视攻防的需要可上下交替，以保持合理的中路防守纵深和左右联系。突前中卫主要盯防对方的突前中锋，扫清罚球区前沿的进攻威胁，拖后中卫（清道夫）专司保护与补位，重点弥补防守的漏洞和抢断传到后卫身后的球，最重要的是组织和指挥全队的防守。由守转攻时，两名中后卫要与边卫一起伺机压上助攻。

（2）前锋队员的攻守打法。两名边锋主要活跃在球场两侧的区域，通过配合或突破运球过人，进行套边传中或射门。此外，还应通过积极的回撤或斜线内切等无球活动扯动防守，拉出边路空当，为前卫和后卫插上制造进攻的空间。中路进攻时，要与中锋进行各种二过一配合或交叉换位，及时包抄异侧边路向中传球，或者抢点射门。一旦由攻转守时，应迅速阻抢就近的控球队员，延缓对手的反击速度，在边路与其他防守队员形成对进攻队员的夹击，与前卫队员一起形成第一道防线。中锋是主要的进攻队员，要经常紧靠对方拖后中卫，或在两中卫之间，或在中卫与边后卫结合区域游动，制造出传球空当，采用吊球、传切、头球摆渡、各种二过一配合等大胆地创造突破与射门的机会。

5."五三二"阵型

"五三二"阵型即指有五个后卫、三个前卫、两个前锋。这种阵型主要以守为主，重兵防守后方，以牢固防守为基础打防守反击。在进攻时，同样具备

"四四二"阵型的功用。在进攻时，球向前发展的异侧边后卫可以迅速向前靠至中场，发挥前卫功效。当异侧边后卫可以迅速向前靠时，相近中卫应该适当变了来做到防守空出的空位；同时保证各方位的平衡布局。也可以在由守转攻时，两侧的后卫一起向前向中场靠近，形成"三五二"阵型，进一步对中场进行控制。

（二）高校足球运动阵型的注意事项

"自从足球规则确定上场人数为 11 人，如何合理安排在场上这 11 人就成为足球理论发展的头号课题，一直延续至今。[①]"

第一，切忌盲目搬用脱离实际的阵型。选用阵型的时候，不能照猫画虎，只是单纯的模仿其他强队或者赶潮流。要根据自己队伍的实际能力和队员情况合理安排阵型。

第二，提倡发挥队员的应变能力和创造力。全攻全守要求每名队员能攻善守，队员要在保证履行自己位置的责任的同时，在条件允许的情况下随机应变帮助其他队员。应该尽可能发展个人的随机应变能力和创造力。

第三，保持完整的队形。在攻防中无论队员如何纵向或横向变换位置，各个位置不能少人也不能多人进行合理分配阵容。要保持住三位置的合理距离，即前锋、前卫、后卫之间纵向和横向间要有适当的距离，以利于充分发挥整个队伍的进攻能力和防守能力和各个队员的个人能力。

第四，队员的合理组合。教练员要知人善任，在安排位置时，根据每个队员的特长和个人情况，将每个队员安排在合理的位置上，充分发挥每个队员的个人能力，并考虑相近位置的队员可以进行更好配合，将全队融为一体，充分发挥集体的力量，毕竟足球是一个团队竞技。

第五，合理的攻守打法。球队的攻守打法要从本队特点和双方的实力为基础来建立。因此，同一种阵型，采用的打法不尽相同。有的以边路进攻为主，有的以中路进攻为主，有的采取稳守反击，有的采取渗透进攻，有的采用密集

---

① 张留印 . 论足球阵型的演变与发展 [J]. 当代体育科技，2012（6）：25.

防守，有的采用逼迫式防守。

二、高校足球运动进攻战术与训练

（一）高校足球运动的进攻战术

1. 个人进攻战术

（1）跑位战术。比赛中无球队员的跑动不断变换站位在很大程度上决定队员间的良好配合，队员跑动站位越正确配合越熟练，那么全队的整体行动就更加默契和有效，对对方防守造成的威胁就越大。而无球队员不断地跑动站位目的有两个：① 吸引对方防守人员的注意力，将对方防守人员引入较差的防守位置，或者对方被迫派人顾忌跑位的无球队员，可以减轻带球队员的进攻压力；② 一切努力都是为了队伍的进攻成功。

（2）传球战术。足球是一个团队竞技的项目，它需要集体配合，而集体配合的前提就是传球，在不断传球中完成战术配合、创造射门机会。在比赛当中，传球的形式不止一种也是多种多样的，按传球距离可分为短传（15米内）、中传（15~25米）、长传（25米以上）。按传球方向可分为直传、斜传、横传和回传。按传球的高度可分为高球（头以上）、平球（头和膝之间）、低球（膝以下）。按触球方式可分为直接传球和间接传球；按传球的目标可分为向同伴脚下传球和向空当传球；按旋转方向可分为上旋球、下旋球、侧旋球和混合旋球。

第一，传球的战术内容。选择传球目标、掌握传球时机、控制传球的准确性和力量是传球的主要战术内容。

选择传球目标。选择目标一般分为两种情况：一种是将球传于队友脚下，另一种是将球踢向空地。而第二种传球方传球的推进速度快，威胁就大。所以在发动和组织进攻时，可以采用第一种方式，向队友的脚下传球，这样可以更好地去控制和调节比赛节奏，并且更加安全稳定。只是一味地向前、向空位传球进攻效果不会很好。当然，只是一味地将球传到队友脚下，这样会使得进攻节奏减慢，给对方更多防守时间，增加进攻难度。所以在比赛中必须合理地将两种方法搭配使用。在比赛时，带球队员应该根据场上情况，选择进攻条件最好的队员进行传球。

掌握传球时机。从传和接两者来讲，传球可以分为两种情况：一种是跑位在先，传球在后；另一种是传球在先，跑位在后。这种先和后是明显的，但时间却是短暂的。在队友摆脱对方占据进攻的最佳位置时进行传球。

控制传球的准确性和力量。一支队伍协同配合与进攻成败的关键就在于传球的精准与否。传球的准确性主要体现在根据不同的情况熟练、合理地运用不同的脚法，并将球准确的传给队友。传球时力量使用的合适，既有利于接球者快速接球并迅速进行下一步动作，又能有效防止对手进行截断。

第二，传球应注意的问题，具体包括：① 传球之前应该仔细观察场上情况并做出判断和预测，尽量迷惑对手，隐蔽意图；② 传球应注意的特点包括：突然、快速、隐蔽、多变；③ 顺风踢球要少做直线传球或者长距离传球，力量要适当减小，逆风踢球时要多传低平球，力量也适当加大；④ 在下雨时或者场地泥泞的情况时应该减少短距离传球和横、回传，在球门前禁忌横、回传；⑤ 在后场，传球要三思而后行稳妥传球，少做或不做横、回传，边后卫解围时不准向中间门前传球；⑥ 抓住时机，及时向前传球；⑦ 传球时应该进行观察和判断之后，选择更加安全的传球路线；⑧ 传球时要多使用中距离传球。中距离传球可以加快进攻节奏，加快推进速度。

（3）射门战术。能否在比赛中射门进球，这点是球员在比赛中彼此之间在战术上进行配合的终极目的。鉴于此，球员在比赛过程中能否取得胜利，关键性因素在于能否在比赛中可以在队员与队员的配合下尽可能多的为球队创造进行射门的契机，尤其是要注意捕捉射门机会、尽可能提升球员在射门进攻这方面的能力。然而由于射门这项技术在足球的众多技术中难度属于相对较大的那类，考验的不仅是球员个人的技术水平，还考验的是全队球员整体素质以及团结协作能力。射门这项技术的特点具体如下：

第一，在比赛过程中，球队队员一定要有强烈的射门进球的意识以及欲望，时刻注意捕捉有效射门的时机，以此来不放过任何可以成功进球的机会。

第二，在进行射门时，球员务必要在做到准确的同时，还要做到突然、有力。其中，第一要做到准确，然后做到突然，这样才能在比赛中做到出其不意，让防守队员以及守门员防不胜防。除此之外，还要强调力量。这是因为倘若射门的力量不足，那么球即便是突破了对方球员也会因为后力不足而被守门员扑接。因此，在远射时对于球员力量素质的要求更高。

第三，射低球、射远角。相较于空中球，扑接地面球对于守门员来说难度更大。此外，如果球员在做射门时可以使用远角，也会大大提升守门员扑接球的难度。

第四，强化远射、弧线球射门的能力。据调查显示，相较于远射门的命中率，近距离射门命中率要更高。但与之相对的便是，球员需要面对对方球员密集的防守。因此，近距离射门的难度也要远高于远距离射门。如果能够利用好罚球区附近人数多，守门员视线受阻这一情况，尽可能保证远射的准确性、突然性以及力量可以得到提升，则能在很大程度上提升球的成功率。弧线球在射门时，因为其飞行路线有一定弧度，所以增加了守门员的判断难度，所以常常出现守门员对于来球出现误判或者错判的情况。在现代足球比赛中，弧线球射门屡屡助球员进球成功，已经显示出一定的威慑力。弧线球射门以及远射经常会使守门员在接球时脱手，进而给攻方创造出一个进行补射或者"捡漏"的进球机会。

第五，在进行一对一射门时，球员一定要调整好心态，做到沉着、果断、机智。这种心态可以保证其在突破防线后与守门员形成一对一时，可以尽可能不放过任何一丝可以进球的机会。在射门前，球员一定要对于周围环境、己方队友以及对方球员的所在位置进行观察，尤其是要善于对于守门员的站位进行观察，这样才能做出正确的决策，即是选择劲射还是巧射、是推近角还是射远角。

另外，还要注意个人距离守门员不能太近，这样会在一定程度上导致射门角度越小。

（4）运球突破战术。在进攻战术中，运球突破属于个人战术中的一种。在实际比赛中，它是球员破密集防守、造成以多攻少、觅得传球空隙、获取射门得分等有效手段之一。足球比赛是一项对于团队协作能力要求较高的比赛项目，但是这也不意味着他对于球员个人素质的不重要。要知道，如果球员的运球突破能力较为突出，其将会为球队在比赛中集体配合提供助力。由此来看，两者之间的关系是相辅相成的。

在比赛中，球员如果面临下列情况就应该立即采用运球突破：

第一，如果是无人接应或者是对于传球不宜的情况下，控球队员要想摆脱对方球员，一定要做有意识的向左、向右运球。

第二，在对方球队的罚球区附近，只要有射门机会，就应该采用运球突破技术。

第三，当对方采用密集防守的战术策略时，我方球员应该敢于采用运球突破以此来打开缺口，打造出一种以多攻少的局面；在运球进行突破时，一定要敢于在前场运用，倘若这一战术成功，那么将会使整个赛场的局面出现极大程度的改变，但是有一点需要注意即一定要在中场进行有针对性的运用，但是在后场时一定要慎重。

2. 局部进攻战术

（1）传切配合。所谓传切配合，主要是指控球队的球员以及进攻队员进行协作配合的方法，是在局部进攻战术中运用次数最多的一种方法。具体来说，传切配合其形式可被划分成两类：局部传切与转移长传切入。

第一，局部传切配合。局部传切配合根据其在实际练习以及比赛时的传切线路又可被细分为直传斜切、斜传直切两种。

第二，长传转移切入。所谓长传转移切入，主要是指在球队一侧进攻不畅、受阻，球员可利用长传将球转移到另一侧，切入队员在得球后随即又展开新一轮的进攻。

传切成功的要素，主要包括：① 控球队员一定要注意传球时机、传球方向以及传球力量；② 跑位队员一定要对传球切入的方位以及时间进行明确。突然且快速地起动的同时，还要注意用自己的身体来对于球进行掩护。

（2）交叉掩护配合。所谓交叉掩护配合，主要是指两名进攻队员在局部地区出于比赛需要在运球互相换位，且注意在这一过程中，用自己的身体来对于同伴进行掩护，以使同伴可以顺利运球越过防守队员的一种配合方法。

交叉掩护能够配合成功的要素如下：

第一，运球队员一定要用自己的身体将球掩护住，突破两名防守队员的拦截，在将球传给同伴之后，球员不要停，要继续保持向前的跑动。

第二，接球队员一定要主动迎面跑向正在运球的同队球员，交叉距离要尽可能贴近。在接球后，接球队员一定要迅速向前方运球。

（3）二过一配合。

第一，二过一配合的主要形式。

斜传直插。斜传直插二过一配合可用在当控球队员与接应队员之间有一定宽度时。此种二过一配合要注意四点：① 控球队员要尽量运球逼近防守者，使防守者身后留下空当；② 接应队员要拉开以保持与控球队员一定的宽度，同时接应队员应处在控球队员的斜前方，便于控制队员的传球；③ 控球队员的传球要准确，摆脱要突然，快速插上；④ 若防守队员密集站位、空隙较小，则控球队员应向接应队员的脚下传球，接应队员可直接将球传给插上的同伴。

直传斜插。当防守者身后有较大空隙时，可以用直传斜插二过一配合。此种二过一配合要注意三点：① 一般应先插上再后传，以无球的跑动带动传球，配合时机要适当；② 斜插队员要快速插上，以有效抢占防守队员身后的空当；③ 采用传地滚球方式，便于传球的准确和接球者接控球的到位。

回传反切。当接应队员与控球队员有足够的纵深距离，并且防守者身后有较大空隙时，可采用回传反切二过一配合。此种二过一配合要注意三点：① 回传队员回撤要能够有效扯动防守队员，以制造身后空当；② 回传后反切动作要突然快速，并注视同伴传球；③ 向前传球要及时，一般传过顶球，这样易避开防守队员的封堵。

交叉掩护。交叉掩护配合指进攻队员运球逼近防守队员时，无球接应队员快速交叉跑动掩护同伴运球，甩掉防守队员的紧逼。此种配合要注意两点：① 控球队员逼近防守队员时，用身体掩护球，并用远离对手的一侧脚运球；② 接应队员要快速起动，从控球队员身后斜线插上，并将控球队员脚下的球带走或佯装带球突破。

第二，二过一配合的注意事项。

二过一配合战术所采用的传球脚法多数都是脚内侧，原因就是这一配合多数情况下都是短距离传球，所以采用脚内侧进行出球，这样可以保证出球准确、平稳。

踢墙式二过一战术中配合的"墙"绝不应该是原地静止不动的，这不符合实战的情况，而是应与实际比赛一样"墙"会处于一种快速跑动的状态之中，并且还会根据赛场上的实际情况来对于位置进行调整，这样才能促使球员在训练过程中真正掌握这一方法，将这一方法的优势完全发挥出来。

在二过一配合战术的控球一方一定要有坚定且明确的运球突破意识以及行动，以此来从心理上给防守一方施压，将防守的注意力进行扰乱，使其难以集中注意力。在比赛中，球员一定要注意不要过早暴露己方想要采用二过一配合的意图。如果能做到这点，则势必可以给对方球员一种出其不意的感觉，可以有效将对方已经布置好的防守队形打乱。

二过一配合在赛场上的机会转瞬即逝，对于球员的要求较高，要求球员不管是传球方向、还是传球力量都要恰到好处。尤其是踢墙式二过一配合，第二传的质量的高低、效果的好坏直接受第一传的影响与作用。

二过一配合能否在赛场上运用成功的关键在于第二传选择的时机是否合理。在进行第二传时，球员要进行多方面的综合考虑，除了要考虑同伴的跑速与位置之外，还要考虑对方球员的防守位置以及动向。

回传反切二过一配合一定要考虑纵深距离。传球队员以及反切队员一定要错开，即不在同一纵轴线上进行传切，这样的做法将有利于减少给传球以及接球带来困难的概率。

3. 定位球进攻战术

（1）任意球进攻战术。罚球区附近任意球的进攻威胁性最大，虽然比赛中这种任意球机会较少，但一旦出现，若能把握好机会，常常更能进球，要充分利用。在对方门前罚任意球要记住：能直接射门的就不打配合，如要配合也要简练，越简练的配合则成功率就越高。

第一，罚球弧区域进攻。此区域获得直接或间接任意球时，守方一般会排"人墙"封住部分射门角度。罚球弧区域罚任意球的进攻方法有直接射门和一拨一射等。

直接射门。选用一名擅长左脚射门或一名擅长右脚射门的队员，踢出弧线球绕过人墙，直接射门。应视赛场情况确定进攻方法和主罚者人选。

一拨一射。队员如不能直接射门时，在防守方排墙后，攻方可采用向前一射的方法避开人墙的封挡，以增大射门角度，同时队员包绕抢点，为捡漏反弹球的补射做好准备。射远离守门员方向的直线或弧线球，这样将对球门产生极大的威胁。

第二，罚球区两前角及两侧区域的任意球进攻。

直接射门。罚球区角获得任意球时，大多数以近门柱为射门目标。用绕过人墙的内侧线球或者越过"人墙"后下落的弧线球射向近门柱一侧的空当，这种球成功的可能性较大。

传球配合射门。除了直接射门外，许多还采用短、长传避开人墙，由同伴配合射门。

（2）掷界外球进攻战术。足球比赛中，掷界外球很频繁，无论采用什么方法，迅速、简练、有效是共同的要求。

第一，边路进攻的配合。在前场进攻时，防守方往往采用紧逼盯人，掷界外球在两人间配合较难成功，这就需要更多队员的配合。

第二，中路进攻的配合。有的队员都能掷 20 米以上的界外球，所以把球直接掷向中路，能增强进攻的威慑力。

4. 集体进攻战术

所谓集体进攻战术，主要是指球队出于完成进攻战术任务的目的，所采用的全局性配合方法。集体进攻战术可能会牵涉到的人员相对比较多。集体进攻战术是全队协调配合的行动，其可以将一个队的进攻实力以及配合能力展现出来。一次完整意义的整体进攻主要由三部分构成——发动、发展以及结束。其中，发动阶段主要是指球员获得球、控制球并进行传球的进攻阶段；发展阶段主要是指球队整体通力协作来迅速开展全面进攻阶段；结束阶段主要指的是借助于传中、运球突破、传切配合等形式来攻击对方球门的进攻阶段。

（1）边路进攻。边路进攻，指进攻的最后阶段发生在前场罚球区侧向外区域的进攻。边路进攻的目的在于充分利用"宽度"，横向拉开对方的防守面，以削弱中路的防守力量，创造出中路破门得分的有利战机。

边路传中的时机和落点：传中时的时机至关重要，过早或过晚都会达不到预期的目的，最佳时机应是：守方队员和攻方队员同时面向球门跑动；后卫线与守门员之间有较大空当；对方守门员贸然出击。

传中落点最好在距球门线 4 米，距罚球区前沿的宽 8 米，长 20 米的区域内。另外，传球的弧度和旋转也很重要，传前点球应是低平球，传后点球应是高远球。

（2）中路进攻。中路进攻，指进攻最后阶段发生在前场罚球弧区域的配合。中路进攻因为直接面对球门，射门角度大，所以比边路进攻更具威胁性，但正因如此中路防守人员更密集，进攻的难度也较大。

第一，渗透进攻。通过"二过一"传球和运球过人的局部战术，向对方门前层层渗透，以达到最后能射门目的。

第二，插上进攻。前卫向一侧的同伴传球，向后回传球给其他队友，同时进攻方的前锋队员不急于向前靠，并可以有意识地往回策应，以留出身后纵深距离，此时带球队员向前面罚球区内留出的防守空当送球，而面朝球门的队友，在带球队员送球的同一时刻，抓住这个战机冲向门前射门。

5. 进攻战术的注意事项

（1）本方得球后，立即采取进攻。得到控球权后，己方球员应该将球在第一时间传给那些位置更加有利于进攻的同伴，但是应该确保这一过程对方不会轻易就将己方的控球权夺走。

（2）传球后，球员一定要进行积极且有限地跑动。控球队员在完成传球之后为了能够在局部地区形成一个以多对少的局面，一定要第一时间以及其他接应以及支援同伴保持节奏一致。

（3）如果此时球员正位于临近对方罚球区的有效射门区域内，持球队员第一选择是射门。在射门后，球员一定要注意及时跟进，以防球不进然后进行补射。

（4）球员一定要主动迎上接球，而不是在原地等球。主动迎上接球一方面可有效防止对手的抢断，另一方面还能为己方球员争取到接球转身、摆脱对手攻防的时间以及空间。

（5）在赛场上，一切都有以团队利益为先，即只要有同伴比自己位置更好、更能获得向前或者射门机会时，就要第一时间且不加犹豫地将球传给所在队友。

（6）球员一定要注意合理运用运控球。如果此时己方球员距离自己的位置都相对较远或者其都被对方球员纠缠住无法来接应，那么此时控球队员最优的选择应该是通过运控球来为自己以及球队争取更多的时间，以便找到有利传球的时机。除此以外，这一方法还可以在球员有意识地计划下来牵扯对手，以此来让对方球员出现失误，进而为己方球队制造传球突破的空当。在控球时，球员一定要注意用自己来将对手以及球隔开，以此来保证球不被人抢走。

（7）在接控球时，球员应该努力争取在空中或者球的第一落点就把球处理或者接控好。特别是在本方罚球区内为了能够避免来球被对手截获而射门得分，更应如此。

（8）在本方罚球区地带，一定要注意减少回传或者横传球。

（9）持球队员，倘若此时处于的位置是对方球队的罚球地带，本来就需要面临对方球员的重重阻拦，且己方球员又无接应或者接应不力的情形，应该果敢地进行运球过人突破，或者保持球权以等待对方球员出错或者己方球员的接应。

（10）在可运球、可控球、可传球的情况下，球员应该坚决选择传球。

（二）高校足球运动的进攻训练

1. 进攻战术训练的原则

（1）拉长纵深。在对于场地宽度进行充分利用的同时，还要注意有意识的拉长场地纵深。要培养让本方队员在各个方位形成一定距离的纵深梯次的意识，以此来打乱对方防守队员的节奏，使其处于一种混乱状态，进而为己方进行射门或者突破防线提供机会。

球队在比赛由守转攻的瞬间第一时间应该为本队搭建出一种可以有效进攻的纵深，以此来确保本队可以用最快推进速度靠近对方球门，进行射门。

（2）创造宽度。当本方队员在比赛中获得控球权时，此时就应该对于场地空间充分加以利用，并据此来发动进攻。具体来说，球员可以有意识地带球向两侧跑开或者彼此互换位置，根据球场宽度来拉开防守者的防守范围，这无形中会在很大程度弱化对方球员之间的联系，可以尽可能为己方球队实施纵向的渗透突破创造更多的机会。有一点需要注意，即所拉开的宽度需要考虑两点：① 攻防双方队员的活动范围以及所处位置不同；② 考虑场区的不同。

（3）不断渗透。进攻队员在与对手拉开距离的同时，一定要借助于传球、带球等技、战术手段来逐步对于对方防线加以渗透突破。无球队员只要在防守队员之间反复多次进行交叉互换、跑动，都势必会在一定程度上影响到防守队员的移位以及跑动，此时只要出现空当，就要立即传球切入，进攻队员一定反应迅捷，提快进攻的速度与节奏，以此来促使对方防守节奏陷入混乱之中。在这过程中，传切渗透能否成功的关键之处在于相邻位置的进攻队员是否可以默契配合，以实现扯动、传球、切入等。

（4）灵活应变。要想做到机动灵活原则，就要要求进攻队员在实际比赛中一定要主动出击，灵活利用进攻手段以此来打乱对方防守队员的进攻节奏，并为己方球员的射门赢得时机。

足球运动员能否在实际比赛中将自己的主动性充分发挥出来，将在很大程度上取决于其自身对于足球技术的理解是否深入、应用是否娴熟，这是保证球员在赛场上做到灵活应变的前提条件。赛场上，情况复杂万变，单一、落后且刻板的战术打法已经不再适用。现在的足球赛场要求球员一定要具有大局观，即可以对于赛场中的实际情况进行分析，以此来审时度势，制订出适合于现有比赛的战术方案，随机应变，以此来提升本队在比赛中获胜的概率。

2. 进攻战术训练的内容

（1）个人进攻。

第一，移动接球。接应队员应该尽可能躲避开障碍物旗杆，在两边空当处接来自同队球员的传球。接球后，再将球回传给其他球员，再向另一边移动以此来进行接球，反复多次进行练习。可定时交换练习。

第二，一抢二练习。在 25 米×15 米的场地内组织两两一组的球员进行一人抢球，二人传控的练习。其中，选择作为控球一方的无球队员一定要积极选位以及接应。防守者在抢到球之后立马转变为控球一方，由失误的队员担任防守者。可计时交换位置重复进行练习。

（2）局部进攻。

第一，踢墙式二过一练习。

第二，各种二对一射门练习。

第三，在 10 米×20 米场地上，布置两个球门，并组织球员进行二对二的防守练习。注意，这一练习需要指定一名球员为守门员，并规定两名球员要在规定时间里开展攻守练习。

（3）定位球进攻。

第一，两人练习。一人传高球给同伴头顶蹭传。做到正确熟练。

第二，角球直接传中。具体针对主罚队员开展多球传中练习，一定要对球员罚球的落点有所要求，且在设定罚球时一定要区分"近端""中间"与"远端"。除此之外，还要格外对于球员出球的弧线、速度等提出具有针对性的要求。

第三，弧线球射门。将障碍物或者"人墙"设置于距离罚球点 9.15 米处，主罚队员采取踢弧线球绕过障碍或者突破"人墙"射门的手段。

三、高校足球运动防守战术与训练

（一）高校足球运动的防守战术

防守战术，是足球比赛中处于抑制竞争对手一方的进攻以及重新获得球权所采取的个人以及集体的进攻方法。顾名思义，进攻与防守是矛盾的两个方面，二者是相互制约、相互联系的一个整体，二者不可分割。因为如果没有稳固的防守，再猛烈、锐不可当的进攻也不能充分发挥出自己的作用，进而推动比赛的胜利，而只守不攻只是很大程度上拖延了时间，也不能获胜。因此，在稳固防守上的快速进攻在现代足球攻守战术中发挥着重要的指导思想作用。

1. 断截球防守战术

断截球是多元防守技术中最为积极、主动的方法。

断截球的顺序如下。

（1）预测传球。预测将要传球的路线、方向、落点等，判断有无断截球的可能，并选择最佳的位置。

（2）判断传球的时机和球速来决定出击的时机。

（3）选择断球线路。

（4）合理选择身体部位断截球。原则上可用除手以外的任何部位，用头断球可抢占制高点，则较难做到下一步的控球和传球。

2. 抢截球防守战术

抢截球，是继断截球后更进一步的防守技术，往往是在进攻对手有效控制球的情况下所采取的直接破坏进攻的防守行为。其中，抢球技术可分为正面抢、侧面抢、背身抢三种。

（1）抢截球的练习方法。

第一，练习方法一。

目的：有的放矢地熟悉各种抢球技术动作。

方法：4人一组在正方形8×8米的范围内，3人控制球，另一人不带球而进行抢截球，可以将球夺过来，也可将球踢出正方形范围的破坏球。

要求：看准抢球时机，使用正确的抢截动作方法。

第二，练习方法二。

目的：在对抗中灵活运用各种抢球技术的练习。

方法：6人一组在正方形15×15米的范围内，3对3地对等抢截球，3人控制球，另3人抢截球，可以将球夺过来，也可将球踢出正方形范围而破坏球。也可变换练习形式以4对4对抗。

要求：准确判断抢球的时机，灵活运用各种抢球技术，养成抢到球后迅速处理球和一抢再抢的强烈拼抢意识。

第三，练习方法三。

目的：在活动与对抗中练习抢球技术。

方法：5 人一组的抢截球练习，其中 1 人在正方形 10×10 米的范围内，其他 4 人作为进攻者各带一球站在正方形的四边外面。每名进攻者必须控制球穿过正方形方可有效，每名进攻者各做 5 次，防守者完成 8 次防守后，进攻和防守角色轮换继续练习。

要求：进攻者在正方形边线耐心观察，找出防守者的破绽，有的放矢地突破正方形；防守者则注意观察进攻者带球速度和运行轨迹，选择最佳路线靠近目标，突袭进攻者使其失去时间和空间，并养成一抢再抢的强烈拼抢意识。

（2）抢截球的注意事项。

第一，抢球时先要保持自身身体的平衡与稳定，不要被对方假动作所影响甚至迷惑思想，造成错误判断，产生失误而被对方抓住破绽。

第二，抢球时可以使用一些假动作来迷惑对方，比如主动向一侧假抢，迷惑对方向另一侧运球而正好陷入自己的陷阱，从而使自己成功地实施抢球。

第三，抢球动作要保持快速、勇猛，让对方难以反应过来。

3. 紧逼防守战术

紧逼战术，是指防守队员在距离对手很近的情况下，并且能够通过实行某个动作来达到就阻碍进攻对手的防守方法。在个人或者集体防守中，紧逼都作为主要的防守战术在足球比赛中被广泛使用。但是紧逼这一战术并不一定能够直接阻断对手提前抢到球，但是可以在一定程度上对对方形成干扰，扰乱对方的战术应用，迫使其出现失误，进而为其他队员的抢球创造良好的机会。

（1）紧逼的区域。在比赛场上，球员可以根据场上形势，选择实施紧逼战术的区域，足球规则对球员在球场实施紧逼战术的区域要求并不严格，球员可以在任何区域实施这一战术，但是紧逼战术的重点区域是防守三区。因为防守三区正处于竞争对手的射程范围之内，如果球员出现了任何的疏忽大意都将造成破坏本队的防守的问题，为对方进攻提供可乘之机。防守三区的紧逼，既可以不断地给进攻队员形成压力，干扰其进行选位以及接应等操作，因而导致对方产生失误；同时又能够通过限制对手获得球的时间以及位置，造成对手出现慌乱进而出现丢球等失误。因此，防守三区是紧逼战术的重点区域，球员必须严加防范，巧妙实施紧逼战术。

（2）紧逼的距离。紧逼战术具有一定的实施距离，要求离对手1.5米左右为最佳距离。这样的实施距离既有利于随时截断对手的传球操作，同时又便于在对方转身突破时率先占领优势地位，领先对手。此外，紧逼的距离还取决于下列因素：

第一，速度。球员的速度对后卫及其防守对象具有重要影响。倘若防守队员的速度超过了对方前锋的速度，那么防守队员就可以站在离被防守者较近的位置，处于优势地位。如果防守队员的速度慢于对手，那么可能会出现贴身紧逼的情况，这对于防守球员是十分危险的。此时，防守队员应当后撤到这样的距离：即使要做转身动作，之后也要先于对方接近球。

第二，技术水平。倘若对方球员的技术高超，但是速度却相对较慢，这时则可以采取贴身紧逼对手的策略，以此来寻找机会对于对手的接球进行直接性的破坏。对那些技术水平相对较差的对方球员，则可适当拉开与其的距离，原因就在于这种队员接球需要的距离相对较大，球弹出后会离他相对较远，因此可在他接球后进行抢截。

4. 定位球防守战术

（1）任意球防守战术。在罚球区附近的任意球，已在25米左右的有效直接射门范围之内，设置人墙来封堵球门一侧的角度就很重要。人墙组织要有人负责，一般由守门员指挥，根据罚球地点的角度确定排墙的人数，一般为2～5人，最多6人。人墙最外侧队员应和球、近门柱成一直线。守门员应选择最佳位置，做到既能看清球和罚球者的动作，又兼顾到整个球门的防守。充当人墙的队员横向间站位要紧靠，抬眼看球而不抬头，双手交叉置于裆部保护。球罚出后，人墙应及时压上，有效封堵和缩小射门角度。

（2）角球防守战术。防守角球最重要的是不漏人和不留空当位置。

第一，一名防守队员要站位于靠近端线离角球区9.15米处，一来干扰有可能传至近门柱球的低平球，同时防止对方罚短传配合的战术角球。

第二，两名边后卫要分别占据球门区外近、远门柱的区域，以防对方抢点射门和冲顶。

第三，守门员选位应在球门中后部，并面朝场内站立，这样既看到罚球者，又看到罚球区内的攻方队员，以保护球门及控制球门区。

第四，其他防守队员站位于罚球点两侧的区域，控制罚球点至罚球区域的对方抢点。

5. 集体防守战术

集体防守战术，指全队整体性的防守配合。

（1）防线连接。防线连接（包括拆线防守）是指球队在防守时形成一个严密的整体，三条线之间保持较短的距离。任何一支球队如能建立起这种严密的整体防守，它就可能有意识地随时使用越位规则作为防守武器。

（2）防守类型。

第一，人盯人防守。人盯人防守是一种除自由人外，其他防守队员都有固定盯人对象的防守形式。这种打法的突出特点是，在全场攻守的每个时间和空间里，迫使每个进攻队员都处在高压态势中。在人盯人防守时，要求同伴间要相互协作，当同伴盯人失误时，邻近队员须根据场上情况，迅速、灵活地补位，以保证全队整体人盯人防守的严密性；每名防守队员必须有良好的身体素质，以保证全场比赛始终不停地奔跑和逼抢。

第二，区域盯人防守。区域盯人防守是要求防守队员分别负责防守球场的一个区域，尤其是在本方半场内，这样可在横向与纵向上封锁防区。队员防守区域的大小是依据其负责防守场地的部分而定。

区域防守打法包含两种形式：① 区域盯人，防守队员在场上一定区域内站位，仅随队友移动而移动，即及时补位，防止出现空当区域；②人盯人，防守队员也是在场上一定区域内站位，但随离自己最近的对手移动而移动，防止出现漏人。

（3）保护与帮助。"保护与帮助"者通常指在抢球队员（第一防守者）身后，并直接提供增援的队员，也称第二防守者。保护与帮助由三个要素组成，即距离、角度、呼应。

第一，距离。距离指担任保护作用的第二防守者与抢球队员彼此间相隔的距离。保护距离和球在场区的位置及当时攻守局面发展情况有很大的关系。当球在本方门前罚球弧一带的攻防关键区域，防守的保护队员与抢球队员距离大约为 4～5 米，以便当抢球同伴被对方突破后，及时补位。

第二，角度。保护队员合适的站位角度。可保护抢球同伴身后的要害地带；对对方接应队员也可兼顾，施加一定压力；可增强防守队员信心，而且一旦抢下球后，能迅速转帮助进攻。

第三，呼应。保护队员应与争抢队员保持呼应。任何防守者都应懂得，如果争抢队员的位置不正确，保护与帮助的队员选位必然很难，因此保护队员应及时提示争抢队员的站位和行动。比如"逼近些""逼使其走边路"等提示。保护队员也应当在语言上对争抢队员加以鼓励，这有助于争抢队员的注意力集中并耐心地执行职责。

（二）高校足球运动的防守训练

1. 防守战术训练的原则

（1）延缓。快速进行回防，以此来保证对方进攻速度得到延缓，这同时也是影响己方球队能否成功防守对方球员的重要因素。鉴于此，一旦失去控球权，球队应该迅速由攻转守，在有球的区域的防守队员应该第一时间就对控球方进行阻截、封锁，迫使其对手横传或者回传球，以此来导致前进的速度被延缓，为己方提供宝贵的时间来形成稳固的防守体系。

（2）平衡。防守能否成功，不仅要做到强化保护，还要做到力争防守力量平衡以及局部优势。在对于对手进攻进行阻拦的过程中，其他防守队员一定要做到及时回防到位，尽快抢占己方防守有利的关键性区域以及位置，努力争取做到己方防守人数至少要和对方进攻人数持平，以保证己方队员之间可以互相支援、互相保护，以此来为自己后续的比赛进程创造一个良好的局面。由此来看，防守队员是否具有较为强烈的、整体的由攻转守角色意识以及快速回防的奔跑能力是应用这一原则的必然条件。

（3）纵深防守收缩。决定防守能否成功的关键之处在于球员能都快速回位，以形成防守板块，构成纵深的防守体系。在这一过程中，防守队员合理进行靠拢以及收缩，不仅可以将防区进行有效的缩小，还能集中己方球队的力量，这点是防守力量对等平衡原则能否实现有效运用的前提。当离球最近的队员去抢截球时，队员要迅速边回位边随身紧盯其他进攻队员，迅速回缩将本方防守队员纳入防守范围内，形成稳固的纵深防守体系。

2. 防守战术训练的内容

（1）个人防守。

第一，结合位置的诱导性进行有球练习。在半场内，全队根据比赛阵型站好位置，一个人向各个方向进行控运球，各位置的球员一定要做到随机应变，即要根据球的变化方向来进行有针对性的选位练习。

第二，诱导性有球练习。进攻队员在距离球门 16～20 米内做横向运球，防守队员来练习选位。

（2）局部防守。

第一，练习在 30 米×20 米的 6 个方格内进行：任何一个方格内，都分布两名队员。其中，一个为守门员。在两端设置球门，如果进攻队员临近球门，且射门并没有任何阻拦时，应该尽可能激励队员多进行射门，以通过反复多次的训练来不断提升其信心以及勇气。要做到上述要求，防守队员切记一定要时时刻刻都做到严密紧盯对手，以此来及时对其射门动作进行破坏。

第二，2 对 3 攻守练习，要求场地是 10 米×20 米。一旦进攻者去突破对方球队的防守时，附近两名防守者一定要及时进行补位，按照上述描述反复多次进行练习。

第六章 现代高校足球运动教学
与训练的创新分析

第一节 现代高校足球运动教学技术创新

一、大数据技术在高校足球运动中的创新应用

我国高度重视我国青少年足球运动的开展，党和政府为我国足球运动的深入开展提供了很多有利的条件，将发展校园足球作为弘扬竞技体育精神、提高青少年身体健康素质、为我国足球事业选拔人才的重要路径。"随着时代的进步和科技的不断发展，大数据应用的范畴也越来越广。如何结合大数据时代的特点，发挥其在校园足球活动中应有的价值和作用，促进校园足球活动的发展，这就成为一个值得深入探究的课题。[①]"

（一）加强校园足球运动信息化管理

校园足球的深入开展需要有完善的信息化管理平台的保证。利用大数据信息平台加强对校园足球的管理，尽最大的可能将不利因素排除在外，根据大数据筛选出来的可靠数据来对学校的足球运动进行科学的管理，利用大数据平台采集各个学校的校园足球运动开展的情况，包括球员的身体素质、技术特点、

---

① 魏胜．大数据时代校园足球发展可持续性探究［J］．当代体育科技，2019，9（20）：165-166.

心理素质、比赛成绩等，从而全面地把握各个学校足球运动开展中的相关数据并及时找出其中存在的问题，从而拿出解决的对策，实现高效快捷的管理，有利于促进校园足球运动的开展。

（二）建立校园足球数据资产平台

数据资产建立在大数据的基础之上，建立校园足球运动员的数据信息库，将球员的个人信息和球队的战绩等内容分阶段地建立数据库，从而有针对性地采取措施，与此同时，数据资产还可以用来指导学校足球的教学和联赛，真实可信的数据资产是校园足球健康持续发展的最可靠第一手资料。

（三）建立校园足球联赛

联赛是提高校园足球运动整体竞技水平的平台。当前我国校园足球联赛活动非常少，缺乏统一可行的标准，建立校园足球联赛，加强对校园足球联赛的数据采集工作，一方面可以提升校园足球运动的社会关注度，让全社会认可并关注校园足球运动，另一方面根据大数据采集校园足球联赛的赛况并进行相关的数据分析。建立校园足球联赛机制是未来校园足球运动发展的大势所趋，此外，在大数据的时代背景下，加强校园足球信息化平台建设，运用大数据资源的筛选和大数据平台的分析功能，选拔出更多的足球希望之星，提高足球教练的水平，校园足球的管理能力，加快校园足球运动的信息化建设。

校园足球运动的发展是中国足球事业发展的重要方面。在"互联网＋"时代传统的教育理念显然已经不能适应时代发展的需求，在大数据时代背景下，现代的科技理念催生出高效的管理办法，将各种资源结合起来，研究出高效利用的策略能够更好地全面发展校园足球运动，加强足球事业的建设，为我国足球事业的发展做出更大的贡献。

二、移动互联网技术在高校足球运动中的创新应用

（一）足球相关概念教学

在足球的教学过程中，不仅包括战术、技巧的教学，同时还有对足球历史、发展现状、相关规则等方面的概念讲解。在讲解概念的过程中，为了便于学生理解，教师可以利用移动互联网技术，将相关概念的理解转变为对信息的认识，以此来加深学生的印象。比如，教师可以通过多媒体设备为学生介绍罗纳尔多、球王贝利等足球运动员的事迹，以此来进行足球历史的讲解，为枯燥的历史发展注入活力。在讲解相关足球规则的时候，可以利用相关软件为学生播放足球比赛，让学生担任主裁判进行裁决，然后软件就会为学生判罚的正确率进行打分，使学生通过实践明确相关规则。

（二）足球团队队形教学

足球是一项需要团队合作的运动项目，因此为了更好地体现团队作战能力，教师就需要进行团队队形的讲解教学，从而使学生明确自己在团队中的位置以及职责。足球团队队形有很多种，比如"三三四""四四二"等，在实际的教学过程中，教师很难把握学生在足球场的实际站位情况，因此在讲解时学生就会难以理解。为此教师就可以利用移动互联网技术，使用"世界足球""足球经理"等电脑游戏，让学生在虚拟的环境中明确其具体站位以及职责，并让学生担任教练，合理设置队形，然后在比赛过程中不断进行调整，了解不同队形的不同作用，从而提高学生的团队合作意识。

（三）足球战术教学

在足球比赛的过程中，足球战术的使用可以说是球队胜利的关键因素之一，为此，教师就需要向学生讲解足球战术方面的相关知识，从而培养学生的战术意识。对于个人战术，教师可以采取一对一的讲解示范，但是在集体战术的讲

解示范过程中，由于人员众多以及战术复杂，教师讲解与学生理解都存在困难。为此教师就可以应用移动互联网技术，利用制作视频、PPT 等方式，将战术过程直观地展现在学生面前。比如在学习局部二过一或者是三过二的进攻战术时，教师就可以利用视频的回放、暂停功能，将跑位、传球路线、盯人防守等战术为学生进行细致讲解，通过不断的观看，让学生熟记各种技巧以及动作，帮助学生建立清晰、系统的战术概念。

（四）足球技术重、难点教学

足球技术是足球运动中合理动作的总称，不仅包括射门、传球、运球，同时还包括抢断、掷界外球等多个方面。这些技术动作复杂、迅速，仅通过简单的示范学生是难以完全掌握的，为此教师就可以应用移动互联网技术，通过视频将技术动作进行反复的播放与讲解。比如在学习射门的时候，教师可以利用视频慢动作，让学生清晰地看到动作中的技术重难点，比如，站立脚的位置、脚与球的接触位置等，使学生抓住关键部分进行针对性地练习。与此同时，为了调动学生的学习积极性，教师可以为学生播放足球明星的射门视频，利用明星效应激发学生的学习兴趣，从而提高学生的学习效率。

综上所述，随着时代的不断发展，移动互联网技术被越来越多地应用于足球教学当中，比如足球相关概念教学、团队队形教学、战术教学、技术重难点教学等，对于提升足球教学的教学效率以及教学质量具有十分重要的意义。

第二节 现代高校足球运动训练理念创新

一、高校足球运动训练理念的基础

（一）高校足球运动训练理念的形成

"理念"一词是舶来语，理念作为思维的基本元素之一客观存在于人们的思想意识中。理念通常意为观念。"理念"从现实角度来说，指的是人们对于世界上的某种事物的认知和判断。在很多情况下，理念和观念都是可以互用的。

体育训练中的训练理念有其特定的含义，人们在思想上进行判断和分析，同时结合实践中的体验和感受，最终获得了对于体育运动发展规律的认知和看法，并认识到了体育运动的价值和意义。并且训练理念应包括：体育运动方面的理论知识、具体操作技能规范、不同运动项目的特点、运动规律及本质等内容；根据对运动项目规律、特征、本质、趋势的认识，明确运动训练的指导方法及策略，为运动训练活动最终要达到的目的所使用的观念和观点。

在足球训练过程中，教师可以将一些关于足球运动本质性的知识转化为通俗而易懂的语言来向学生传达足球运动方面的知识，启发学生加深对足球的理解。但是要将一些本质性的规律性的知识转化成简单易懂的语言需要教师具备深厚的理论知识和丰富的实践经验，才能最准确地把训练理念的知识教授给学生。

根据哲学当中的认识论原理，理论指导实践的过程中存在一个传播的媒介，这一媒介就是"实践观念"。在运动训练理论指导训练实践的过程中，同样需要一个媒介来将实践落到实处，这个媒介就是现实社会中人们普遍提到的"训练观念"，任何体育运动在发展推行过程中都要有一个训练理念来指导运动向着正确的方向发展。

高校足球运动训练理念主要有以下几个阶段。

1. 初步认识与思考阶段

在初步认识与思考阶段，不论是教练员还是体育从业者起初在头脑中都没有自己的训练理念，在参加比赛或对抗中受到挫折后，会反思自己训练中的问题，形成一种最初的想法和观点，然后经过更深入地交流沟通之后，会将原有的经验进一步融合发展，从而产生新的想法和态度。而负责开展足球训练的教师在这一阶段经过丰富的学习、反思与思考之后，对于之后的教学训练同样具有至关重要的意义。

2. 感悟验证与完善阶段

感悟验证与完善阶段旨在让参与足球训练的参与者在训练与比赛中验证自

己的观点和看法，从实践中获得结果，并与自己最开始形成的观点进行比较、反思，从而进一步完善原有的观点和看法，促进认识的科学性。

3. 确定并指导实践阶段

确定并指导实践阶段是指教练员的训练理念已经形成了完整的观念，毫不动摇，指导并用于运动训练的过程中。能够用明白的简单的逻辑阐明训练理念和训练过程、理论知识与实践紧密结合是指导实践阶段的主要标志。

（二）高校足球运动训练理念的分类

1. 训练理念的分类

（1）战略性训练理念。战略性训练理念是指在足球训练过程中，教师做出的宏观上、整体上的规划与安排，这一规划是符合足球运动发展规律的，它也叫宏观训练理念。并且这一理念还可以进一步再细分为教育发展训练理念、可持续发展训练理念和科技发展战略训练理念等。

首先，由于每个人都有接受教育的权利，高校开展足球教学也应当将足球运动与教育教学相结合，通过足球教学达到对学生的教育目的。因为根据调查，一个运动球员的运动生涯长的二十多年，短的十几年，有些球员退役后连乘法口诀都不会，这将对球员的一生造成不良的影响。因此，开展足球训练不仅要注重培养运动参与者的体育技能和体育知识，还要关注他们综合素质的发展，突出学校教育的功能，促进学习者的综合全面发展。

其次，在可持续发展训练理念中，人们提出训练发展应突出训练的目的性、限制性、"三维"统一性，要求在足球训练发展中应当遵循足球训练发展的规律，并结合现实的实际情况明确训练的目标，并且要以这一目标为指导方向开展足球训练。

最后，教师开展足球训练要充分利用现代化先进科学技术手段，借助科学技术提高足球训练效率。一方面，科学技术能够有效地为足球训练提供更便捷先进的技术设备，及时辅助学生进行足球训练，也便于教师观测学生的训练情况；另一方面，科学技术在足球训练活动中的应用，也从侧面推动了科学技术的进步与发展。因为科学技术应用到足球训练的过程中，也会侧面反映出当前技术存在的优势与不足，为了更好地为足球训练服务，人们进一步对科学技术提出新的要求和挑战，激发科学技术进一步革新完善。

因此，足球训练中结合科学技术手段这一举动一方面，科学技术促进发展训练理念，使足球训练理念更好更快地指导运动实践；另一方面，加强足球训练理论研究也促进着科技的发展，促进足球运动水平不断地提高。

（2）操作性训练理念。操作性训练理念是指在足球训练过程中，教师抓住足球训练的本质特征和规律，并结合足球比赛对竞技能力的要求对训练的参与者提出的具有针对性、有效性、实战性和持续性的要求与判断的综合性总结。在足球训练过程中，足球训练理念发挥着重要的指导作用，它决定了教师对足球训练本质规律的认识与落实。在整个训练过程中，教师要体现出训练的整体性、对抗性、多变性、等足球运动特征。足球是一项需要多人共同协作、互相配合，具有整体策略性的实战对抗性非常强的运动项目，参与者在其中的表现也是即时的反应，很难在平时训练中进行复课的。

因此，高校开展足球训练时，要坚持遵守操作性训练理念的要求，抓住足球训练的本质特征，在这一本质特征的指导下设计、规划具体训练活动，并结合足球比赛的要求，培养学生在比赛中的适应能力和独立应对足球比赛中各种问题的能力。

（3）评价性训练理念。教师在开展足球训练时，应当考虑到学生的性别、年龄等各项因素，从而为他们设置不同的训练目标，引导学生获得足球训练成果。并且在训练过程中，教师应给予学生更多的正面评价，让学生一起挑战困难，鼓励他们，教给他们战胜困难的方法。自信是建立在不断的自我努力的优异表现基础之上的，是建立在一系列失败与成功交织基础之上的，即使再微小的进步，教师也应对学生做出肯定，增强学生在足球训练中的自信心。因为增强学生的自信心就能够让学生肯定自己在训练过程中的表现，进而追求更高水平的目标。同时教师也要确立正确的评价标准和态度，不以单一标准评价学生，而是全面、系统地对学生进行评价，在训练过程中培养学生的自信心和意志力。

2. 足球训练理念的分类

（1）教育性训练理念。当前我国培养足球训练参与者的方法仍然存在不足，在训练过程中主要追求运动技能的发展，而不关注参与者的综合能力的发展，这是很难培养出真正德智体美全面发展的人的，开展足球训练不能忽略对参与者的文化教育状况，培养参与者的综合素质。在今后的足球训练过程中，应当坚持教育性训练理念，将足球训练与教育育人两方面结合起来，在追求运动技能提高的同时注重文化知识的学习，提高学生文化知识水平，培养适应我国现代化社会发展的有文化、有素质、全面发展的人才，促进运动参与者在社会中的可持续发展。

（2）青少年战略性理念。青少年战略性理念强调注重青少年的培养与发展，对青少年进行足球训练时，教师要引导青少年抓住足球训练的本质和规律，从长远发展的角度培养学生。并且教师自身要加深对足球训练的发展形成方向性、本质性和创新性的认识。青少年是运动训练发展的强大动力，是国家运动事业发展的基础和源泉。教师在开展青少年足球训练时，应当尽力了解青少年的身心发展特点，比如年龄、性别、身体发育情况等，尊重青少年的个性发展，吸引青少年的兴趣，进而激发青少年的训练积极性。同时教师在训练过程中要体现教育性、可持续性、科技性等训练理念，提高青少年各方面素质，实现足球训练全面发展的目标。

（3）人文操作性理念。教师要积极与参加训练的学生进行沟通，了解学生需求和面临的问题，及时解决，并且教师自身也要丰富自己的教学方法，更新教学理念，改进教学，增强学生克服困难、提高竞技水平的信心，体现人文性。并且要在细节关键处对学生提出严格要求，鼓励学生积极改进技术，提高竞技水平。

（4）技术实践性理念。技术实践性理念主要指的是在足球训练过程中，要侧重于足球技术的训练，培养学生在足球比赛中的对抗技术，这一理念更强调足球训练内容的实用性和实战性。足球教学应完善战略战术的规划，培养学生将这些战术运用到实践当中，从而更好地适应比赛竞争。

（三）高校足球运动训练理念的特征

训练理念的转变与创新需要一个比较长期的发展过程，因为教练员首先要准确地了解足球训练理念的含义及本质特征，才能进一步在原有发展理念的基础上进行创新发展。足球训练理念主要有以下特征。

1. 足球运动训练理念的个体性

在开展足球训练之前，高校的足球训练教师应当明确一点，即一个人深层次的人生观、世界观、价值观等观念对于足球训练理念的发展具有重要影响。因此，一个人看问题的角度，判断事物的方法，甚至语言表达方式上也会对足球训练理念的传达与解释产生重要影响。

2. 足球运动训练理念的客观性

足球训练理念是对足球训练的本质和规律的总结与指导，对于足球运动的开展具有指导性作用，训练理念应当具有客观性，具体体现在训练理念指出了足球运动的功能及作用；说明了足球运动未来发展的趋势；阐明了足球运动发展的途径和开展训练的方式及规律，它概括性地总结了足球运动发展的各个方面的内容，从宏观及微观角度对足球运动发展提出指导性建议。

3. 足球运动训练理念的可变性与发展性

优势运动项目要想长期保持霸主地位，就需要对自身项目理论反复研究分析，结合其发展趋势和运动本质规律，不断推陈出新，适应发展趋势和规律的运行，及时改进运动项目，把握最先进的发展方向，树立足球训练理念的可变性和发展性这一理念。保持训练理念的可变性和发展性需要教练员对已有训练理念持有一种批判性的态度，面对新形势及时改进策略，推动足球训练的科学发展，因此足球训练理念的发展是一个长期的、反复的过程，不可能一步到位。改进创新足球训练理念不仅仅依靠客观的动力，还需要教练员主观上的努力与追求，要不断地质疑与探索，以持续的创新精神推动足球训练理念变化与发展。

4. 足球运动训练理念的全面性

足球运动训练理念包含了多个方面的内容，它概括了足球项目的特点、本质、运动规律、运动员特点以及训练比赛的情况等全面的、宏观上的判断与观点。因此，足球运动训练理念具有全面性的特征，它涵盖了广泛的内容。

足球运动是运动中开展范围最广泛、参加人员最多、涉及场地很广、影响很大的一个运动项目，并且许多足球发达国家提出这一观点：足球运动具有其他运动项目不可比拟的教育属性。具体原因是，在足球运动训练或者比赛当中，涉及的参与者众多，球员与教练员之间、球员与队友之间，以及与对手之间都有着密切的联系，不同个体之间互相沟通，相互协调配合，最终足球比赛是一个群体彼此协调的结果。足球比赛的艰难困苦程度非常之大，需要球员建立起顽强的训练意志，在各种艰苦的训练中坚持下来，不断提高自身的竞技水平，促进自己的全面发展。

二、高校足球运动训练理念的创新构建

（一）"以人为本"为基础

1. 培养大学生对足球的兴趣

兴趣是最好的老师，高校在开展足球训练时，要充分考虑大学生的需要与兴趣，设计足球训练活动时，能够吸引学生的兴趣，激发学生参与训练的积极主动性，让他们将足球训练视作自己的兴趣爱好，进而与他们的人生理想相结合起来，从而成为他们一生坚持的运动。并且高校要提高足球运动的趣味性，训练形式上可以通过游戏、比赛等娱乐性活动展开，让学生主动地、全身心地投入到足球运动当中，调动他们的内部深层动机，激发潜在的运动能力，实现创新性发展。

2. 树立球员第一、球队第二的意识

在足球训练过程中要让大学生以享受足球训练的乐趣和充实的意义为主，让整个足球队伍取得优异的成绩为次要目的，不要让大学生在足球训练过程中压力过大，急于取得胜利而焦虑、压抑，违背了体育运动的最初目的。

高校要通过足球训练培养学生的身心健康发展，锻炼学生的身体形成强健的体魄，磨炼出顽强拼搏的意志力，并树立起坚定的自信心。自信心是足球的基础，除了运动技能会影响比赛的成绩，个人的自信心也会对比赛结果产生至关重要的作用，影响到球员。

自信是足球比赛取得成功的前提。但是不可否认的是，并不是所有的球员

都会因为比赛或者训练遇到挫折而失去自信心，他们有着比较坚强的自我意识和自我认同感，不会因为暂时的失败或挫折而失去继续努力的信心。这种内心坚定有较强的自我情绪管理能力的人在训练过程中遇到问题时也依然能够静下心来，踏实训练，弥补自己的不足，并最终实现自己的目标。还有一部分人自我认同感比较低，难以承受失败的打击，一时的失败就会否定自己、质疑自己，感到无法接受，最终失去信心，放弃训练了。针对这种心态的学生，教师要注意不要给他们过大的训练压力，引导他们意识到个人的成就感不是只来源于比赛结果的好坏，应当更注重自身能力的提高，及时弥补自己的不足，而不是只将成绩的高低作为评判人优秀与否的标准。另外，教师应当鼓励学生之间互相鼓励，增加团队之间的沟通，激发他们的训练兴趣和热情，并形成一种不断追求自身能力提高的训练氛围，把提高能力看得重于训练成绩的高低。

3. 树立促进大学生长远发展的理念

高校开展足球训练的根本目的在于促进大学生的长远发展，因此在设计足球训练计划时，教师要充分考虑学生的兴趣和需求，以激发学生的兴趣为主，调动学生的积极性。教师可以在开展足球训练时，选用一些人数比较少的小场地进行训练，方便对学生进行针对性的指导，争取照顾到每一个学生，对不同的训练任务设计不同的训练方式，借助游戏、娱乐活动等方式激发学生的兴趣，推动学生积极主动参与足球训练，在游戏中不知不觉地掌握足球运动技能。

另外，教师也要对学生进行专业的训练，不能只是一味地"玩乐"，通过专业的训练提高学生足球运动技能，感受足球运动的美感，促进学生身心全面发展。

（二）构建知识、技术、意识和素质"四位一体"的训练理念

1. 文化学习与足球训练有机结合

我国当前的体育训练机制已经取得了很大的发展，但是很多体育项目，尤其是足球运动，发展依然不见起色，国家在足球运动这方面的投资与支持非常大，但是并未见到明显的成效，究其原因在于现在足球领域目前忽视了对球员文化知识方面的学习。文化知识学习不够，球员的文化素养普遍不高，对于很

多知识的理解并不到位，因此造成足球训练过程中有十分大的局限性，球员的认知能力阻碍了他们继续加深对足球运动的理解与分析，这不仅会影响到他们足球运动生涯的发展潜力，还会进一步影响到他们今后整个人生的发展前途。足球运动是需要人具备良好的身体体能和较高水平的认知能力来施展战略战术的运动项目，如果没有一定的文化素养与智能的积累，不重视对文化知识的学习，势必会导致在训练和比赛时分析和理解能力受到一定的限制。

大学生参加足球训练不仅仅要学习足球运动的操作技能和基础理论知识，还要在训练过程中培养自身的足球训练理念，提高认知水平，加深对足球运动的理解与研究。具体来说，大学生学习足球运动既要练习各种足球动作和操作技能，又要掌握足球运动的专项知识结构，形成对足球的系统认识；另外，还要学习一般科学文化知识，提高自身道德文化修养，这对足球赛场上的战略战术制定与发挥水平具有至关重要的影响。

2. 重视实战背景下足球技能与思维能力的训练

在足球训练过程中，训练技术非常重要，一直以来足球运动员都将足球训练技术的练习作为基本功进行反复操练。我国目前的足球训练一直采用分解足球运动技能并反复练习的方法，进行一般性训练，等到运动员对足球训练动作基本掌握之后，再通过专项训练进一步优化加强薄弱的地方，最终提高足球训练水平。这种训练模式很好地巩固了运动员的训练技能，但是这种训练方法并没有恰当地体现出实战性和对抗性这些足球训练特性，因此导致很多足球运动员虽然每个动作操作起来很熟练，但是在实战比赛当中，却很难将这些动作技能很好地融合发挥出来，显得生疏、僵硬，在比赛中并没有体现出训练的成果。因此我国足球运动要注重实战背景下关于足球基本技能和思维能力的训练，适应现代足球训练理念的发展，全面提高运动员的足球训练水平。

3. 职业素质与技术发展的统一性规律

球员的职业素质的核心是他们都对足球运动有一种强烈的热爱。尽管有不少天才球员取得职业生涯的成功后，生活中或多或少出现问题，但他们对足球热爱的程度往往超过一般运动员。球员对足球有着强烈的热爱之情，才能支撑他们全身心地投入训练，在这个过程中他们可能要克服非常多的困难与挫折，但是随足球的热爱使他们能够感受到足球带给他们的乐趣。足球的乐趣使他们能承受长期高负荷的训练和比赛。

取得队友信任的最好方式是在比赛中敢于承担责任，在队友困难时能够提供有力支持，在比赛中相互沟通。每个球员只有融入集体当中，借助于团体的力量，才能将个人能力得到最淋漓尽致的发挥。许多天才球员在取得成功后往往对自己降低了要求，这种球员职业生涯往往较短暂，在短暂的辉煌后就快速趋于平淡。而在生活与训练中能够严格要求自己的运动员往往有着较长的运动寿命，保持最佳竞技能力的时间也会更长。因此，职业素质的培养也应作为一项重要内容贯穿于高校足球运动员的训练中。

因此，任何一名优秀的足球运动员，想要具备良好的职业素养，凭借着自身对足球的热爱支撑自己在足球训练中不断探索，坚持不懈，培养全面的竞技能力。作为教练员，要运用知识、技战术、足球意识、职业素质"四位一体"的训练理念，培养出时代所需要的优秀足球人才。

（三）树立及时反馈的训练理念

反馈在学习运动技能时发挥着强化学习效果的作用。这种强化作用可以是阳性的，也可以是阴性的。阳性强化指的是在足球训练时，教练员借助于一些鼓励性的话语或行动，来增强或提高训练效果。与之相反的是，阴性强化指的是教练员在训练过程中通过一些批评性的话语或行动来减弱或压抑球员在训练中的失误、问题等。

除此之外，反馈还具有激发球员训练动机、调动球员训练积极性的作用，教练员在训练和比赛过程中可以运用反馈训练理念调动球员的情绪，或增强球员坚持参加训练、战胜比赛的信心。

因此，教练员在足球训练过程中，要树立及时反馈的训练理念，坚持在训练中贯彻反馈机制，根据球员在训练中产生的不同情况，科学合理地运用反馈原则来提高训练效率。比如，针对球员在训练的存在的问题，可以运用语言上的反馈信息给球员以必要的暗示，并用同步的反馈对球员在练习时不断地进行强化，使球员根据反馈信息及时调整训练策略，改进技术，提高竞技水平。

在足球训练中要及时适应反馈的训练理念，教练员在运用及时反馈理念时要遵守以下三点要求：

第一，在球员开展训练之前，教练员应当提醒球员首先思考判断一下当下练习的训练技能是什么、应当注意哪些要点、如何高效地完成训练、所练习的训练技能有哪些作用等，引导球员加深对足球运动技能的理解。

第二，教练员应当引导球员增强训练当中对抗意识的培养，能够在不同的对抗环境下顺利完成训练动作，达到训练目标；并且要增强训练动机，增强训练的自信心。

第三，在球员学习训练技能的初级阶段，教练员要充分利用反馈理念，实时了解球员在训练中遇到的问题，并通过反馈机制引导球员意识到自己的不足，及时改正，不断改进训练水平，例如，教练员可以通过具体的动作示范，让球员意识到自己的表现与教练员的示范存在差距，进而进行弥补改进；教练员通过向球员播放典型的比赛案例，让球员学习其中的运动技能，完善自身不足的地方。

（四）树立与时俱进的先进足球训练理念

1. 树立强化对抗的训练理念

足球运动具有对抗性这一显著特点，教练员在开展足球训练时，要树立强化对抗的训练意识。如果教练员不注重培养球员的对抗意识，那么即使球员掌握了所有运动技能，但是在实战竞技时依然会感到难以应付。因为在比赛场上对抗性非常激烈，随时会根据具体情况发生变化、调整策略，如果没有足够的应变能力和对抗能力，那么很难将自己掌握的运动技能充分发挥出来。教练员应当为球员在平时就创设一定的实战训练环境，培养球员的实战适应能力，熟练运用对抗性原则。教练员在运用对抗性原则时，应当注意以下四点要求。

（1）教练员自己首先要深入理解对抗性原则的意义及价值，并掌握开展对抗性训练的方法，科学合理地开展对抗性训练；然后要将对抗性训练落实到球员平时的训练当中，在循序渐进地引导球员掌握对抗性训练技能，并要结合对抗性训练的理论知识，让球员学习、理解，运用理论知识指导实际训练活动，从而提高训练效率，增强球员的足球竞技能力。

（2）教练员在开展训练时，要有耐心，有规划、有节奏地合理安排训练内容，让球员在不同的训练阶段进行不同训练强度、不同训练项目的活动，逐渐增强球员的对抗训练适应能力，避免一时间球员压力太大，出现畏难情绪。

（3）紧密联系比赛实际是对抗训练的核心。教练员在开展对抗训练时，要以实战比赛为标准，最大限度地向实战比赛的要求努力靠近，培养球员应对实际比赛的能力和理论知识，同时促进球员综合能力的提升。

（4）对抗训练中练习的技巧，要在实战比赛中进行检验。球员在平时训练中掌握的足球运动技能应当运用到比赛中进行检验，通过实践体验发现竞技能力的不足之处，继续回到训练中加以改进、完善，之后再回到比赛中进行反复验证，反复多次，逐步完善自身的训练技能，提高足球运动水平。并且在比赛中锻炼实战对抗性，更能有效地提高球员的对抗性运动能力，促进球员在比赛中尽力发挥出最大的能力，激发自身潜能，还有利于培养球员对比赛的分析、判断能力，养成及时反省、辩证思考的习惯。

2. 树立集体控球重于个人控球的战术理念

足球比赛是一项球队集体协作的活动，双方在比赛中控球能力和控球时间是决定比赛主动权在谁手里的重要影响因素，因此球员要树立集体控球重于个人控球的理念。集体控球指的是球员要互相配合，达成默契，在传球时形成密切的配合，不给对手以可乘之机，掌握住比赛的主动权。个人控球指的是突出某一个球员的能力，在球场上发挥出自己的高超球技，展示个人的运动才能。

在足球运动场上，个人的才能应当是次要的，集体的智慧与才能决定了比赛的胜负，对比赛起到决定性作用，球员不能为了突出个人的运动才能，而影响集体的配合，影响集体的荣誉。但是随着现代足球运动的发展，足球比赛日渐体现出商业化、国际化的趋势，足球比赛具有很大的观赏性，球队集体控球时间成为现代足球比赛的重要评价指标，观众更愿意看到球场上集体控球的打法，人们往往觉得这样的比赛非常精彩。并且集体控球的打法使得比赛的节奏更快，更符合现代社会的发展趋势，更好地适应了现代足球的发展。

因此，对于我国高校足球训练来说，我们也要结合时代以及当代足球的竞技特点，适时调整传统的训练理念。在足球战术训练中，也要有针对性地树立集体控球重于个人控球的战术理念，让其养成集体配合的战术意识，突出集体控球时间。

足球训练理念对竞技成绩具有很大的影响，如果足球竞技的成绩一直难以提高，那么很大程度上是由于它的训练理念出现了偏差，阻碍了足球运动员竞技能力的进一步挖掘。当前我国急需重新构建先进的训练理念，从而更高效地指导我国足球发展的训练方向，帮助球员获得成功。

中国足球要发展就必须发展学生足球，发展大学生足球就必须要有先进的足球训练理念作为指导，在足球训练中树立"以人为本"的训练理念，激发球员的足球兴趣，调动球员积极性，淡化球队对成绩的片面追求，注重对球员个人竞技能力的培养，为他们的长远发展奠定基础，教练员要充分考虑大学生球员的身心发展特点来设置具体训练内容，对球员的表现及时做出反馈。并且高校要进一步全面提高教练员的综合素质，给予教练员学习先进训练理念的学习机会，鼓励教练员学习足球强国的先进理念，融合借鉴足球发达国家在足球后备人才的培养上的策略，为我国足球运动员制定详细、系统的大学生足球人才培养体系和训练远景规划，促进足球运动事业蓬勃发展。

第三节　现代高校足球运动训练方法创新

一、足球运动教学训练模式创新

由于足球是一种集合团队的整体运动模式项目，因此在运动的过程中，各个学生之间就具有很强的身体位置对抗性。而在实际的足球比赛运动过程中，就要求学生不仅具有丰富的战术转场意识，还有遇到突发情况的实践经验。因此，在实际开展足球训练的过程中，应采用综合性的整体化训练方法，这样既能帮助学生积累一定的实战经验，同时又能有效地培养学生的运动思维。

在对训练项目运作的过程中，还需要建立良好的团队合作意识，并做到有效的战术实施，最终结合学生的良好发挥才有可能会赢得比赛。因此教师先要帮助学生理解开展足球训练的内涵，这样也更便于后续的比赛战术知识方面的教学。一方面，教师应要求每一个学生在完成相应的项目训练后，总结关于足球比赛的战术思维还有足球训练技巧，并将实践训练与战术意识进行有机的结合，这样就能够有效地提高学生的足球技能水平；另一方面，教师也需要了解不同学生的运动特点，并根据他们不同的特长点，来制定相应的训练项目实施策略。

对足球训练进行创新探索，对教学模式进行创新是其首要任务。

第一，创建小组教学，根据学生的综合能力和优势互补原则对其进行分组，做好学生的引导工作，使得其在训练的过程中能够团结合作，对足球技术和理论进行相互探究和交流，再以小组为单位开展比赛，使得学生在良性竞争的过程中能够加深对相关知识的掌握程度。

第二，构建个人与小组相结合的学习模式，选取足球技能相对较强的学生作为小组组长，带领小组学生进行足球训练，不仅能够促进全体学生的技能提升，对促进学生之间的情感交流也具有积极作用。

第三，对于基础较差的同学，教师要给予更多的耐心和关照，保证全体学生的足球技能都得到提升，要保证全体学生的共同进步。在对足球训练创新的过程中，教师要明确其不是进行择优培养，而是向全体学生开展的创新改革。

二、足球运动体能训练方式创新

由于足球遇到比赛的强度以及对抗性十分激烈，即使在平时的训练过程中，也会消耗学生大量的身体机能素质，所以各类足球比赛对学生在身体素质方面的要求就会比较高。如果学生想要提高自身的足球运动水平，就必须从最基本的体能素质锻炼开始，先进行相应的身体锻炼，然后让身体素质在逐步加强的训练过程中得到一定的锻炼提升。

在传统的足球体能训练过程中，教练员普遍会引导学生不断加强训练的强度，提高体能素质的训练量。而这种训练方法虽然短时间可以提高学生的身体素质，但同样会导致运动员的身体在基础学习方面不够扎实，也就是无法形成条件反射以及肌肉记忆，从而影响学生以后学习其他的运动技巧。因此，在组织开展足球体能的训练过程中，还要科学合理地运用组合训练方法，这样就可以更加有效地锻炼学生。

教练们不仅要加强体能训练的强度，同时还要进一步提高运动的训练量。而这两者之间是相互依存的。与此同时，教练员还需要考虑到学生的身体实际情况，比如，有的学生身体素质较好，能够承受更高强度的锻炼，而有的运动员因受伤等原因无法承受高强度的体能训练等，制订出科学合理的体能培训计划。

三、足球运动技能训练方式创新

足球运动对学生的技巧与技术具有较高的要求，是足球运动的重要组成部分。因此高校教师在进行足球训练创新探索的过程中，要对技巧和技术给予充分的重视。对训练手段的创新进行全面思考，将创新性和渐进性原则贯穿在工作的始终。

第一，教师要重视对自身能力的提升，不仅要对自身的创新思维和能力进行提升，同时也要将自身的专业技能进行提升，为足球技能训练方式的创新提升基本保障。

第二，在训练的过程中，教师要重视将多种技能训练方式进行有机结合，训练活动以实战模式开展，学生能够在实践操作中将相关技能进行使用，进而增强学生对足球技能的理解和掌握。以及采用实战模式进行技能训练，能够让学生对足球运动的合作性进行充分的认识，加强学生之间的凝聚力，增强其对足球技能学习的信心，促进教学效果的提升。

四、足球运动战术训练方式创新

足球战术训练是足球运动取胜的关键环节，在高校的足球训练中，要重视对学生战术运用能力的培养，不仅能够促进团队之间配合能力的提升，提高学生比赛的成功率，对培养学生的思维逻辑以及分析能力也具有积极意义。加强对战术训练方式创新是至关重要的。在进行战术训练创新时，加强学生对足球核心技能以及进攻、防守、防御等战术的了解和掌握是必要前提条件，这样学生能够对自身在团队中的作用进行充分理解。

在日常训练过程中，教师要不断引导学生使用相关战术，使其深深地印刻在学生的脑海里。在比赛的过程中，教师要重视对学生的鼓励，协助学生进行战术的调整。在比赛结束之后，要组织学生进行复盘总结，使得学生能够获得丰富的经验，增强其在日后比赛中的应变能力。同时要重视将各种战术的优势进行充分的讲解，这样学生在实际运用的过程中，能够更加具有针对性。

参考文献

［1］陈勇，郝小亚. 体育健身功能的研究［J］. 体育世界（学术版），2016（07）：127.

［2］戴东. 浅探高校足球运动员的体能训练［J］. 首都体育学院学报，2002，14（1）：41-43.

［3］董英辉. 高校体育教学中的学生心理素质训练途径探究［J］. 湖南师范大学社会科学学报，2013（zl）：310-311.

［4］冯涛，刘森，崔海鹰. 互联网在高校体育教学中应用的可行性分析［J］. 文体用品与科技，2014（14）：104.

［5］符强. 足球训练方法的科学性研究［J］. 运动，2012（16）：25.

［6］郭晓培，钟秉枢. 我国高校高水平运动队发展探析［J］. 体育文化导刊，2022（3）：58-64.

［7］黄如民. 足球临场战术意识辅助训练系统研制［J］. 现代教育技术，2010，20（9）：123-126.

［8］孔煜. 高校教学实践中足球专项技能评价指标体系的构建——评《足球教学设计与训练实践研究》［J］. 新闻战线，2018（11）：178.

［9］李庆兵. 生态学理论在高校体育教学中的应用［J］. 环境工程，2022，40（7）：后插59.

［10］刘坤. 对我国高校足球运动推广的反思［J］. 成都体育学院学报，2014，40（7）：86-89.

［11］马俊威，钱辰丽，吴晓. "全民健身"视野下的足球场地设施规划与建设研究［J］. 现代城市研究，2020（11）：61-68.

［12］牛森，赵焕彬. 高校公共体育课开展功能动作训练的可行性研究［J］. 内

蒙古师范大学学报（自然科学汉文版），2017，46（6）：928-931.

[13] 牛晓雷．微格教学法在高校体育教育专业足球普修课教学中的实验研究 [J]．广州体育学院学报，2005，25（3）：122-124，封三．

[14] 史明政．高校体育教学理论与方法指导研究——评《体育教学训练理论与方法》[J]．教育评论，2017（6）：封4.

[15] 孙东辉，方秀宠，刘红梅，等．高校足球"（5＋10）min"模拟训练法 [J]．体育学刊，2006，13（5）：88-90.

[16] 孙雷，张运泽，刁振东．"校园足球"框架下普通高校足球教学"游戏＋竞技"模式构建研究 [J]．广州体育学院学报，2019，39（5）：116-120.

[17] 王冬．基于人文理念的足球运动训练馆环境建设 [J]．工业建筑，2021，51（6）：后插31.

[18] 王娟．高校体育教师能力与素质培养路径探析 [J]．教育与职业，2015（24）：73-75.

[19] 王群龙，魏文，韩晓燕．高校足球选修课程教育教学改革刍议 [J]．教育与职业，2012（29）：146-147.

[20] 王荣．移动智能终端在高校体育教学与训练中的应用研究 [J]．教育理论与实践，2022，42（12）：60-63.

[21] 王伟鹏．高校体育教学开展体能训练的必要性及对策 [J]．水利水电科技进展，2022，42（3）：后插7-后插8.

[22] 王欣．高校足球运动员的体能训练探析 [J]．齐鲁师范学院学报，2018，33（03）：55-59.

[23] 王宇航．体育教学对学生人格发展的影响 [J]．运动，2015（23）：87-88.

[24] 王云，邵岗，孙毅然，等．高职院校体育教学技能训练中微格教学法的应用 [J]．当代体育科技，2020，10（29）：19.

[25] 魏强．足球训练对河南大学学生自我效能感的干预效果评价 [J]．中国学校卫生，2018，39（1）：133-135.

[26] 魏胜．大数据时代校园足球发展可持续性探究 [J]．当代体育科技，2019，9（20）：165-166.

［27］伍永亮，冯晓娜，郑丹．高校体育教学中对表象训练的应用研究［J］．大家，2010（2）：113-115.

［28］殷君楚．高校足球教学大学生兴趣培养的思考［J］．当代体育科技，2022，12（03）：70.

［29］于海．互联网背景下智慧体育教学环境设计策略［J］．武汉冶金管理干部学院学报，2021，31（02）：81-83.

［30］张华平．螺旋式教学模式在高校足球选项课中的构建及应用研究［J］．广州体育学院学报，2018，38（1）：125-128.

［31］张辉．我国校园足球后备人才培养机制研究［J］．体育文化导刊，2017（10）：140-144.

［32］张俊杰，李会超，郭成根，等．现代体能训练理念与方法融入高校公共体育的现状与对策［J］．中国学校卫生，2021，42（11）：1605-1608，1612.

［33］张留印．论足球阵型的演变与发展［J］．当代体育科技，2012（6）：25.

［34］赵永峰，安剑群．我国高等院校校园足球活动的现状与趋势［J］．西安体育学院学报，2019，36（3）：379-384.

［35］郑志彬，袁雷，俞大伟．高校公共体育教师的"导学"理念［J］．体育学刊，2017，24（5）：102-105.

［36］朱桂华，高徐，肖年乐，等．高校"课内外一体化"体育课程新体系的构建［J］．山东体育科技，2016，38（6）：61-64.

［37］朱云霞．多媒体课件在体育教学中的应用［J］．中国教育技术装备，2018（09）：129.